Q&A
絵でみる 野菜の育ち方

生育のメカニズムと つくり方の基礎

藤目 幸擴
（ふじめ ゆきひろ）

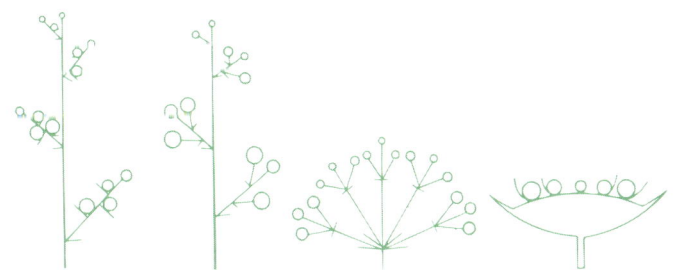

農文協

本書のよみかた ——まえがきにかえて

　野菜の実用的な栽培技術の解説書はたくさん出版されています。しかしそのほとんどは具体的な技術の解説に終始して、なぜそうなのか、どうしてそうするのかといった観点からの説明が不足しています。また、多くが作物別各論的な記述で、ほかの作物ではどうなのか、同じようにあてはまることなのかどうか必ずしも明確ではありません。意外とそれは専門書でも同様です。

　そうではなく、できるだけ野菜の育ちの面白さそのものを伝えたい、しかも各論的ではなく、発育段階をダイナミックにとらえたものをと考え、つくったのがこの本です。さらによりわかりやすく、どこからでも読みはじめられるように、Q&A式で全体を構成してみました。

　その項目のそれぞれは、一見するとごく基本的なことがらばかりのように思われるかもしれません。しかしそれは、たとえば一緒に作業してくれるパートさんに指示を出そうとして、ふと尋ねられる質問であったり、あるいは、直売所などでお客さんに、コレコレはどうしてなのと尋ねられる質問のようなものです。わかったようなつもりでいて、あらためて説明する、ちゃんと疑問に応えようとすると、あなた自身がどうしてなのかと考え込んでしまうようなことがらです。私は、そうした、いうなればいまさらひとには訊けないわかりきったようなことがらのなかにこそ、野菜の発育を見る勘どころはあると思っています。本書ではそれらを取り上げ、図表を多く使いビジュアルに解説しようと試みました。

　本書では、おもに果菜類のライフサイクルにそって発育段階を次のように記述しています（右図）。

　まず種子を春（あるいは秋）にまいて発芽させますが、これが生長の始まりで

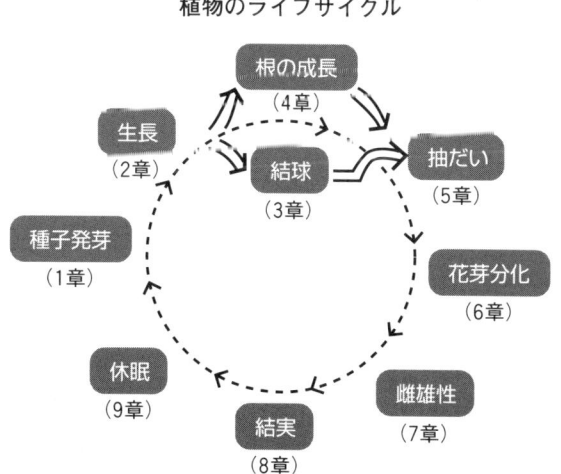

植物のライフサイクル

1

す。種子が発芽して子葉が展開し、茎が伸びてきます。この段階が生長で、春から夏にかけて光合成で養分をつくり出し、いっそう生長ができるようになります。

　夏や秋になり、ある程度生長をしてくると花芽ができますが（花芽形成）、果菜類のように花芽だけが分化する種類と、葉根菜類のように花芽をもった茎が伸びる（抽だい）種類があります。その後に花が咲いてきます。花には雌雄性があり、キュウリなどでは雄花と雌花、そして両性の機能をもつ両性花ができます（雌雄性の発現）。果菜類ではこの両性花かあるいは雌花ができて初めて果実がなります。

　これらの花が夏から秋にかけて開花した後、風や虫によって花粉が運ばれ、受粉・受精して結実します。果実ができ収穫された後に生育はだんだんと衰え、冬には休眠に入ります。ひとサイクルの完了です。種子（一巡植物）または芽（多巡植物）で一定期間休眠した後、春や秋になってまた生長を再開します。

　なお、葉菜類では花ができるまで葉が増加し、またそれが球をつくり（結球）、根菜類でも花ができるまでに根が生長して、ダイコンやサツマイモなどの肥大がおこります（根の生長）。そこでこの結球と根の生長については、果菜類のサイクルに割り込ませて抽だいの前で解説しました。

　また、野菜の発育の過程は、植物のもつ遺伝的特性や栄養条件、環境条件に大きく影響を受けます。これらの影響を調節をしているのは植物ホルモンです。近年その役割が徐々に解明され、少しずつわかってきました。そこで、本書でも休眠のあとに10章でこの植物ホルモンを採り上げ、そのはたらきについて理解が深められるよう解説しました。さらに、11章で野菜の発育にかかわる栽培技術、野菜に関する若干の知識を12章として最後に説明しました。

　本書が、農家の方だけでなく園芸植物に興味をもつ人、発育のメカニズムをよく知りたい人、脱サラで園芸を始めようという人などにすこしでも野菜の発育の面白さを発見して頂き、お役に立てて頂けたら幸いです。

　二〇〇五年七月

　　　　　　　　　　　　　　　　　　　　　　　　　　　　　　藤目幸擴

目　次

本書のよみかた……………………………………………………………1

1章　種子・発芽 —— 育ちのスタート ……………………8
- Q1-1　種子は花のどこに、どれくらいできる？ ………………………8
- Q1-2　種子の重さはどれくらい？ ……………………………………10
- Q1-3　直播きする種子と、育苗する種子があるのはどうして？ ……10
- Q1-4　発芽と出芽、萌芽はちがうこと？ ……………………………11
- Q1-5　発芽の条件は種類によって変わる？ …………………………12
- Q1-6　古い種子でも発芽するか？　種子に寿命ってある？ ………14
- Q1-7　種子がなかなか発芽しない。どうしたら発芽する？ ………14
- Q1-8　わが家で今年栽培した野菜から種採りは可能？ ……………16
- ○もう一言　カイワレダイコンはいつからある？ …………………16

2章　生長 —— 発芽後の体づくり ……………………………17
- Q2-1　1年草、2年草と塊茎類、宿根草はどこがちがう？ …………17
- Q2-2　寒さに弱い野菜、暑さに弱い野菜、何がちがう？ …………18
- Q2-3　野菜が生育するのに必要な光とは？ …………………………19
- Q2-4　光合成に必要な養水分が移動する通路は？ …………………20
- Q2-5　接ぎ木するとなぜ病気に強くなる？ …………………………21
- Q2-6　トマトやキュウリの果実をつくるのに何枚の葉が必要？ …22
- Q2-7　キュウリのかんざし苗の原因は何？ …………………………22
- Q2-8　ダイコンをつくるのにどれくらいの水が必要か？ …………23
- Q2-9　トマトには支柱で、キュウリはネット。逆ではいけない？ …24
- Q2-10　茎が折れたり葉がちぎれても、またなぜ生えてくる？ ……25

3章　結球（球形成） —— 葉の展開と葉菜、結球野菜 ………26
- Q3-1　結球ってどんな状態のこと？ …………………………………26
- Q3-2　葉球はどんなしくみで結球する？ ……………………………27
- ○もう一言　チンゲンサイやパクチョイはハクサイの仲間とききましたが、結球しますか？ ……………………………27
- Q3-3　ハクサイなどに葉重型と葉数型があるときいたけど、どうちがう？ 28

Q3-4	地中海原産のキャベツを日本で栽培する際の注意点は？……28
Q3-5	りん茎にはどんな野菜があり、どのようにして結球する？……29
Q3-6	アサツキとワケギとラッキョウ、生育の差がつくのはいつ？……31
Q3-7	ニンニクの球が分かれず1つになることがあるのは、なぜ？……31
Q3-8	タマネギに分球がたくさんできてしまったが、なぜ？………32
Q3-9	キャベツとメキャベツって、どこがちがう？………………32

4章　根の生長 ── 根の働きと根菜類……………………34

Q4-1	根の役割ってそもそも何？……………………………………34
Q4-2	根毛の寿命ってどれくらい？…………………………………35
Q4-3	ウリ類は過度に摘心してはいけない、ときいたけどなぜ？……35
Q4-4	根はどんな土、条件でよく伸びる？…………………………36
Q4-5	土壌中の微生物が根に及ぼす影響は？………………………38
Q4-6	根菜のレンコンやワサビは水の中で育てられるけど、 その根は水に強い？……………………………………………38
Q4-7	同じ根菜だけど、ダイコンとイモのちがいって何？………39
Q4-8	イモ類にもいろいろあるけど、何がちがう？………………40
Q4-9	ダイコンのす入りはなぜおこる？……………………………41
Q4-10	連作障害はなぜおこる？………………………………………41
Q4-11	ダイコンはみな、白くて長い？………………………………42
Q4-12	青首ダイコンの肩部は土から出ているけど、なぜ？………43
Q4-13	サツマイモの苗はどんな方法でつくりますか？……………44
Q4-14	ジャガイモの苗の植え方を教えて？…………………………44

5章　抽だい ── 花茎（トウ）の伸長……………………46

Q5-1	抽だいとはどんな状態をいう？………………………………46
Q5-2	エダマメ、ショウガやヤグラネギはなぜ花が咲かない？……47
Q5-3	ジャガイモの花は取ったほうがいい？　その果実は食べられる？……48
Q5-4	抽だいするには適温がある？…………………………………48
Q5-5	ハクサイやチンゲンサイのトウは食べられる？……………49
Q5-6	カリフラワーとブロッコリーは同じ野菜？ちがう野菜？……49
Q5-7	ネギやチコリーの軟白はなぜする？…………………………50
Q5-8	童謡に出てくる「菜の花」ってどんな植物？………………51

6章　花芽形成 ── 花の素質と受精のしくみ……………52

| Q6-1 | 花のかたち、基本構造はどうなっている？…………………52 |

Q6-2	花の咲き方はさまざまだけど、どうちがう？ ……………53
Q6-3	花のつく場所は、種類によってちがうようですね？ ………54
Q6-4	花にさまざまな色やかたち、香りがあるのはどうして？ ……55
Q6-5	花芽ができて開花する過程を教えて？ ………………55
Q6-6	キャベツの花は何年も咲かないときいたけど、本当？ ………56
Q6-7	野菜によっては、花をつけないように管理するのはなぜ？ ……57
Q6-8	花芽を早くつけたいときにはどうすればよい？ ……………58
Q6-9	花芽の素質はなぜ大事？ ………………………60
Q6-10	花芽ができるときに影響しあう環境条件とは？ ……………61
Q6-11	低温や長日下で花芽ができるときの生体内の変化は？ ………62
Q6-12	イチゴハウスで夜間に電灯照明をするのはなぜ？ …………64
Q6-13	植物はどの部分で低温を感じるのか？ ………………65
Q6-14	日の長さを感じるのはどの部分？ ……………………66
Q6-15	そもそも花はなぜ咲くのか？ …………………………66

7章　雌雄の発現 —— 植物の♂♀のちがい ……………68

Q7-1	植物にも動物のような雌雄の区別がある？ …………………68
Q7-2	イチゴの花は両性花、それとも雌花？ ………………70
Q7-3	アスパラガスは雌株より雄株のほうが有利と聞いたが本当？ ‥71
Q7-4	フキやホウレンソウも雌雄性で生育に差が出る？ …………72
○もう一言	野菜の東洋系と西洋系 ……………………………72
Q7-5	雌雄同株のウリ類の花のつき方は？ ……………………73
Q7-6	ウリ類で行なう摘心や整枝の意味は？ …………………73
Q7-7	整枝方法はキュウリとスイカで同じでもよい？ ……………74
Q7-8	トウモロコシ1株ではよく実を結ばないのは、なぜ？ ………76
Q7-9	ウリ類の雌花はいつできる？　どんな環境の影響をうける？ ‥76
○もう一言	花ザンショウと実ザンショウ、サンショウにもある雌雄の別‥77

8章　開花・結実 —— 果実のなるしくみと果菜類 …………78

Q8-1	花のどこが果実になる？ …………………………78
Q8-2	果実ができるそのしくみは？ ………………………79
Q8-3	人工受粉はどんなときに必要か？ ……………………79
Q8-4	すべての果実は子房が肥大してできる？ ………………80
Q8-5	ホルモン処理について教えて？ ………………………81
Q8-6	収穫適期はどのように決める？ ………………………82

Q8-7	ナス科野菜の仕立て方はどのように？	83
Q8-8	イチゴ苗は毎年植え替えなければいけない？	84
Q8-9	果菜類の果実で発育異常がおこる条件は？	85
Q8-10	トマトの奇形果、乱形果はなぜできる？	86
Q8-11	では、トマトの空洞果はどうすれば抑えられる？	86
Q8-12	石ナスってなあに？	87
Q8-13	ナスの落花はなぜおこる？	87
Q8-14	早く花が咲くのはよいこと？	88

9章　芽と種子の休眠 —— 植物はなぜ活動を停止する……90

Q9-1	休眠とはどんな現象？	90
Q9-2	休眠するのはどんな植物？	90
Q9-3	休眠中はすべての生長が停止する？	91
Q9-4	休眠の型にちがいはある？	92
Q9-5	果実中の種子は休眠している？	93
Q9-6	休眠時期は冬だけ？	93
Q9-7	ジャガイモの萌芽は抑制できる？	94

○もう一言　キュアリングでよくなるサツマイモの貯蔵性 …… 94

Q9-8	タマネギの貯蔵性を増すには？	95
Q9-9	ニンニクの保存はどうする？	95
Q9-10	イチゴで、夜間電照するのはなぜ？	96
Q9-11	どのようにして植物は休眠できる？	98

10章　植物ホルモン —— 生長活動のコントローラー ……99

Q10-1	植物ホルモンと生長調節物質は同じもの？	99
Q10-2	種子ができるのに関与している植物ホルモンは？	100
Q10-3	種子の発芽に必要な養分はどのように供給される？	101
Q10-4	キャベツやホウレンソウの茎はいつ伸びる？	102
Q10-5	雌雄の発現も植物ホルモンが関わる？	103
Q10-6	挿し木からの発根はどうすれば促進される？	103
Q10-7	茎の先端近くのわき芽はなぜ生長しない？	105
Q10-8	トマトやナスではオーキシンでなぜ単為結果させられる？	106
Q10-9	ジャガイモの茎はどのようにして塊茎になる？	107
Q10-10	成熟に影響する植物ホルモンは何？	108
Q10-11	ホルモン処理果ではなぜ花弁が離れにくいの？	109

目次

11章　生育と栽培技術 —— 基本のおさらい ……………111

- Q11-1　おもな野菜の原産地と科名を教えて？ …………………111
- Q11-2　栽培の一番の基本は何だろう？ …………………………113
- Q11-3　促成栽培と抑制栽培のちがいは？ ………………………115
- Q11-4　早生、中生、晩生のちがいは何？ ………………………115
- Q11-5　温床育苗ってどんなこと？ ………………………………116
- Q11-6　育苗培地にはどんな土を使ったらよい？ ………………116
- Q11-7　なぜ老化苗はよくない？ …………………………………117
- Q11-8　なぜウイルスフリーで苗ができる？ ……………………118
- ○もう一言　「シードポテト」ってどんなもの？ ……………………119
- Q11-9　べたがけがよいってきいたけど、何がいいの？ ………120
- Q11-10　化学施肥の何が問題なのか？ ……………………………120
- Q11-11　肥効調節肥料って何？ ……………………………………121
- Q11-12　生物的防除ってどんなこと？ ……………………………122
- Q11-13　マリーゴールドやネギ類を作物と一緒に植えたりするのは、なぜ？ …123
- Q11-14　輪作、間作、混作…いろいろあるけど、どうちがう？ …123
- Q11-15　アレロパシーって、どんなこと？ ………………………124

12章　野菜の名前 —— クレソンとウォータークレスは同じ野菜？
………………………………………………………125

- Q12-1　サニーレタスとリーフレタスは同じ野菜？ ……………125
- Q12-2　野菜の呼び名は地方地方でだいぶちがいますが…？ …125
- Q12-3　クレソンとウォータークレスは同じ野菜ですか？ ……126
- Q12-4　花椰菜って、どんな野菜ですか？ ………………………127
- Q12-5　シシトウは品種名？ ………………………………………128
- Q12-6　西洋カボチャと日本カボチャのちがいは何？ …………128
- Q12-7　パプリカはピーマンの仲間ですか？ ……………………129
- ○もう一言　スイカは果物、それとも野菜？ ………………………130

付録　用語解説・索引 ……………………………………………131

あとがき ……………………………………………………………141

イラスト　トミタ・イチロー

7

1章

種子・発芽 — 育ちのスタート

Q 1-1 種子は花のどこに、どれくらいできる？

A 雌しべの子房の中に数個の胚珠があり、胚珠は受精して種子になり、子房は果実になります（図1-1、表1-1）。雄しべの花粉は雌しべの柱頭につき、受粉します。発芽した花粉は花粉管を伸ばして珠孔から胚珠に入っていきます。花粉管中の2個の雄核は極核、卵核と受精し、それぞれ胚乳と胚をつくります。これが種子です。キャベツやハクサイでは、子房は莢と

図1-1 受粉と受精

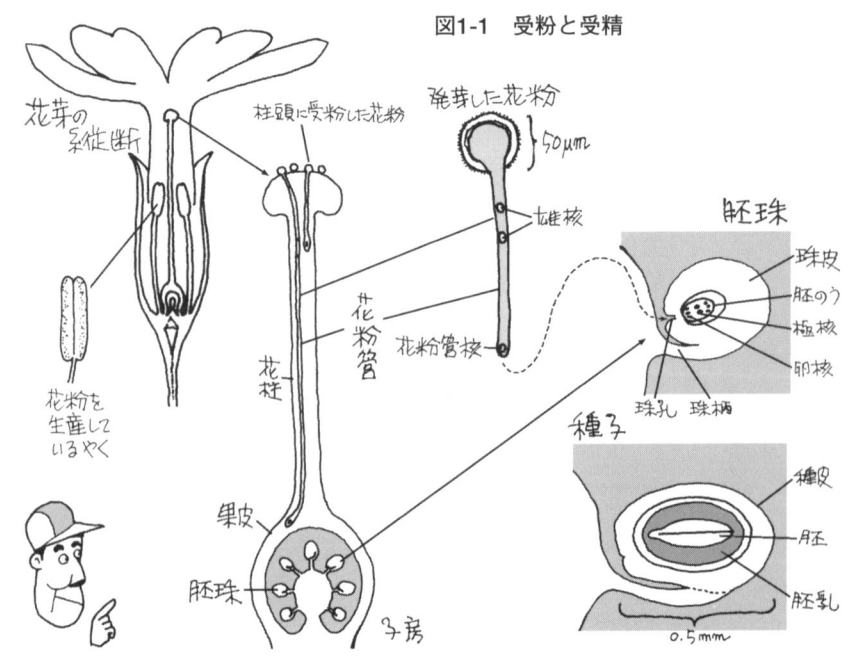

なり、その中に10個くらいの種子が入っています（図1-2・3）。

しかし、キク科のシュンギクやレタス、セリ科のニンジン、セルリー、アカザ科のホウレンソウなどでは子房中に胚珠が1つだけあります。したがって種子も1つです。その種子は果皮に直接包まれているため植物学的には果実なのですが、慣用的に種子として扱われています。

表1-1　花と果実の器官の比較

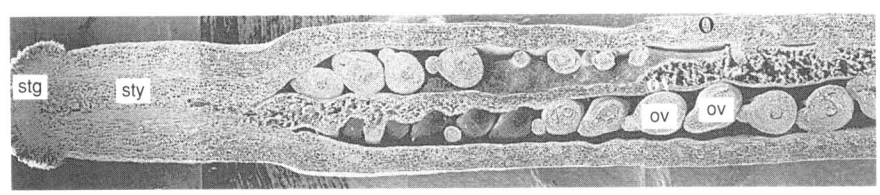

図1-2　ハクサイの子房と胚珠（走査電顕像）

子房がふくらんで胚珠が大きくなりかけているところ
stg：柱頭　sty：花柱　o：子房　ov：胚珠

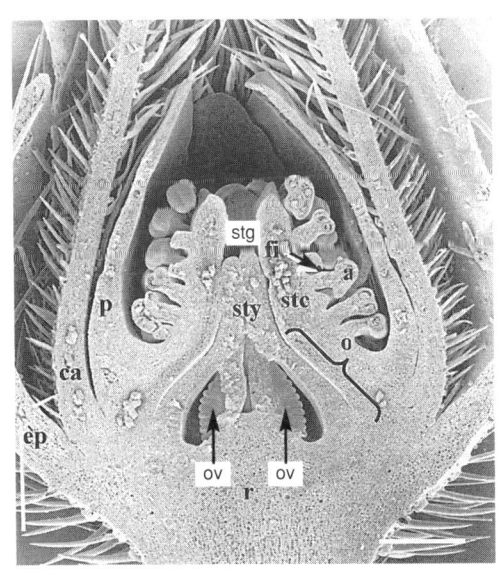

図1-3　オクラの子房と胚珠
（走査電顕像）

子房ができ、胚珠がこれからつくられるところ
ep：副がく　ca：がく
p：花弁　stc：ゆうずい筒
fi：花糸　a：やく　ov：胚珠
sty：花柱　stg：柱頭　r：花床

Q 1-2 種子の重さはどれくらい？

A 野菜の種子の多くは小さいため、dl（デシリットル）とかml（ミリリットル）などの容積で示されます。しかし、それで何粒くらいの種子がそこにあるかわかる人は少ないでしょう。容積は同じでも、重さの異なる種子があるためです。また、種類によって大きさが異なりますし、同じ種類でも早生と晩生の種子では異なります。そこで、実用的には1000粒重という単位が使われ、それで種子の重さを推定します。表1-2に主要野菜の10aあたり必要播種数、20mlあたりの種子数と1000粒重を示しました。最近では、小規模の栽培者のため、種子数別に販売するようになってきました。

表1-2　主要野菜種子の重さと大きさ（目安）

種類	直播／育苗	定植本数／10a	播種数／10a	種子数／20ml	1,000粒重（g）
葉菜					
キャベツ	育苗	4,000～5,000	40～60ml	3,000～4,000	4.3
ハクサイ	育苗	2,800～3,700	40～50ml	4,200	3～3.5
ハクサイ	直播	2,800～3,700	3～4dl	4,200	3～3.5
ホウレンソウ（丸粒）	直播	70,000～150,000	3～4l	800～1,100	7.6～8.0
レタス	育苗	5,500～6,600	40～60ml	7,500	0.8～1.2
果菜					
トマト	育苗	2,400	40～60ml	1,600	2.97
ナス	育苗	900	20～40ml	2,000～2,400	3.5～4.5
ピーマン	育苗	1,500	40～60ml	1,800	4.6～4.7
キュウリ	育苗	1,200	0.8～1dl	400	23～42
スイカ	育苗	500	60ml	160～200	15.2～123.7
根菜					
ダイコン	直播	6,000～7,000	0.5～0.8l	700～1,000	6.1～182
ニンジン（毛除）	直播	20,000～30,000	0.6～1l	3,500～4,500	1.2～1.4
カブ	直播	40,000～50,000	4～6dl	3,800	1.5～3.6
ゴボウ	直播	15,000～20,000	1.5～1.8dl	700～900	11.2～14.4

Q 1-3 直播きする種子と、育苗する種子があるのはどうして？

A ダイコンやカブなどの直根性根菜類は直播きします。それは、これらを育苗して畑に定植すると、移植や定植をする際に根が何度も切られ、傷んでしまうからです。直根は傷むとまた根になるなど奇形になってし

まいます（図1-4）。一方、直根と繊維根をもつマメ類などは生育期間が短いため、直接畑に直播きしたほうが生育は順調に進みます。また、これらは単価も安いため、それほど育苗に手間を掛けることはしません。ホウレンソウでは側根の生育が弱いため直播きします。

育苗期間が1.5カ月くらいと比較的長くかかるトマト、ナスやウリ類では、播種箱に播種して育苗してから畑に定植します。育苗したほうが集約的に苗を管理できて良苗に育ち、畑も効率的に使えるためです。

図1-4 根が傷んで奇形になったダイコン

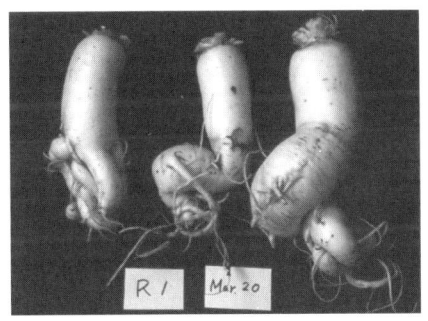

Q 1-4 発芽と出芽、萌芽はちがうこと？

A 発芽とは種子が生長を開始し、まず、種皮を破って幼根が出た状態のことをいいます。土壌中で種子が発芽し、地面に幼芽あるいは本葉が出てきたときを出芽と呼びます（図1-5）。萌芽は樹木、あるいは球根やイモ類などの新芽が生長を始めることをさします。ふつう、数個の芽がほぼ同時に伸びてきます。発芽してきた幼植物を実生（みしょう）と呼び、株分けや挿し木などの栄養繁殖で殖やした個体と区別します。

図1-5 発育と出芽　出芽には子葉が地中に残って本葉が地上部に出る種類（エンドウ）と、子葉が地上に出る種類（インゲン）がある

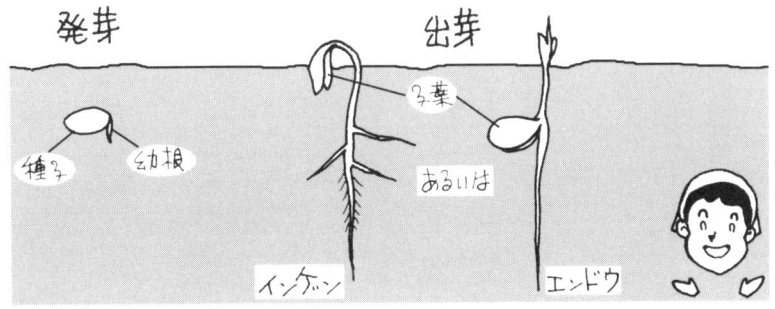

Q 1-5 発芽の条件は種類によって変わる？

A 発芽の三大条件は、温度、水と酸素です。成熟した種子であれば、これらが適切な条件の下で発芽します。

発芽は種類によって温度の高低の影響を受けます（**表1-3**）。高温性野菜のトマト、ナスとウリ類では、それぞれ最低温度が10℃あるいは15℃以上でないと発芽しません。低温性野菜のダイコン、キャベツ類、マメ類やニンジンなどは0～4℃でも発芽する能力はあります

が、一般に発芽の最適温度は20℃前後となります。

旺盛に発芽してきたときの発芽割合を発芽勢（はつがぜい）と呼び、最終の発芽割合である発芽率と区別します。旺盛に発芽してきた種子は、その後の生育もよくなります。

光の明暗も発芽に影響し、照明下で発芽の促進される好光性種子と、暗所で発芽の促進される嫌光性種子があります（**表1-4**）。好光性種子にはアブラナ科のキャベツのほか、キク科のレタス、シュ

表1-3　野菜種子の最低、最適および最高発芽温度（中村、1967より引用）

種類	最低温度	最適温度	最高温度	備考*
ダイコン	4℃	15～30℃	35℃	好暗性、休眠性あり
キャベツ類	4	15～30	35	好光性、休眠性あり
レタス	0～4	15～20	30	好光性、休眠性あり
ゴボウ	10	20～30	35	好光性、休眠性あり
シュンギク	0～4	15～20	30	好光性、休眠性あり
ニンジン	4	15～30	33	好光性
ミツバ	0～4	15～20	28	好光性
セルリー	0～4	15～20	30	好光性
ネギ	4	15～25	33	好暗性
タマネギ	4	15～25	33	好暗性
ニラ	0～4	15～20	25	好暗性
ナス	10	15～30	33	好暗性、変温必要、休眠性あり
トマト	10	20～30	35	好暗性
トウガラシ	10	20～30	35	好暗性
ウリ類	15	20～30	35	好暗性、休眠性あり
インゲン	10	20～30	35	
エンドウ	0～4	15～25	33	
ソラマメ	0～4	15～25	33	
ホウレンソウ	0～4	15～20	30	
フダンソウ	4	15～25	35	
シソ	0～4	15～20	28	好暗性、休眠性あり

*ここにいう休眠性は、発芽温度および光線条件に関係する休眠性のみを示す。
また、発芽の最低・最高温度は、実際の栽培で保障できるものではありません。

表1-4 野菜種子の発芽と光との関係（中村、1967より引用）

種類		光との関係	
科	種	温度	感光部
アブラナ科	ダイコン	各温度で嫌光性、採種直後は低温での嫌光性がいちじるしい	種皮
	キャベツ類	各温度で好光性	種皮
キク科	ゴボウ	各温度で好光性	果皮
	レタス	各温度で好光性を示すが高温ほどいちじるしい	種皮
	シュンギク	各温度でやや好光性を示す	果皮
セリ科	ニンジン	各温度でやや好光性を示す	胚
	ミツバ	各温度で好光性	胚
	セルリー	〃	胚
ユリ科	ネギ	各温度で暗所のほうが発芽速度大	
	タマネギ	〃	
	ニラ	〃	
	リーキ	〃	
ナス科	ナス	各温度で暗所のほうが発芽速度大、ことに低温でいちじるしく、発芽率の低下する場合もある	胚
	トマト	各温度で暗所のほうが発芽速度大、ことに20℃、30℃でいちじるしく、発芽率の低下する場合も多い	胚
	トウガラシ	各温度で白熱電燈光下で発芽が遅延する。ことに20℃、30℃でいちじるしい	胚
ウリ科	スイカ	各温度で嫌光性を示すが、低温ほどその程度が大	胚
	カボチャ	〃	胚
	キュウリ	約20℃以下で嫌光性を示し、高温では無反応	胚
	マクワ	高温では無反応、約20℃以下で嫌光性を示し、低温ほどその程度が大	胚
	シロウリ	約20℃以下で嫌光性を示し、高温では無反応	胚
	ユウガオ	各温度で嫌光性	胚
	トウガン		胚
	ヘチマ	各温度で嫌光性を示すが、低温ほどその程度が大	胚
	ツルレイシ	〃	胚
シソ科	シソ	各温度で好光性	種皮

ンギク、セリ科のニンジン、ミツバとシソなどがあります。嫌光性種子にはダイコン、ユリ科のネギ、タマネギ、ナス科のナス、トマト、トウガラシ、ウリ科のスイカ、キュウリ、カボチャなどがあります。好光性種子は浅く覆土し、嫌光性種子は深めに覆土をします。

近年、機械播種のために種子を丸く大きく加工したペレット種子などのコーティング種子が使われています（15ページ参照）。機械での1粒播種には100％の発芽率が求められますが、その検定法としてテトラゾリウムクロライド（TTC）という試薬で調べる方法が注目されています。これで検定すると、発芽力のある種子の胚は赤く染まります。なお色の赤い種子をときどき見かけますが、それは殺虫・殺菌剤で種子消毒してあるためです。

Q 1-6 古い種子でも発芽する？ 種子に寿命ってある？

A 種子は低温（20℃以下）・乾燥状態（相対湿度55%以下）で保存するのが望ましく、とりわけ乾燥状態を保つことがもっとも重要になります。一般的には、密封容器にシリカゲルなどの乾燥剤をいれて種子を保存します。できればその容器ごと冷暗所（5〜10℃くらい）で保存します。シリカゲルには適度な吸湿力があり、いったん吸水しても乾燥させれば再生が可能となります。

種子には寿命もありますが、低温・乾燥条件下でふつうの野菜種子は10年くらい保存できます。なかには土壌中深く1000年以上保存されていたと思われる平安時代のハスの種子が発芽した例があり、現在は「大賀ハス」としてあちこちの池で開花しています。また、エジプトのツタンカーメンのピラミッドから発見されたとされるエンドウが、最近日本でも話題を呼びました。

ただし、ワサビや熱帯果樹の種子などは、乾燥により発芽能力を失うことがあります。これらの種子は湿った砂やバーミキュライト、ミズゴケなどと種子を層状に重ねる層積法という方法で保存します。

自家採種した種子、あるいは購入して使い切れず余った種子を保存するには、密閉できる小さめの空き缶やプラスチック容器に上で述べたシリカゲルを、種子の重さの3割量ほど一緒に入れておきます。そのまま冷蔵庫に入れて保存するよりは、たとえ常温であっても密閉した容器で十分に乾燥させれば、かなりの期間貯蔵が可能です。

Q 1-7 種子がなかなか発芽しない。どうしたら発芽する？

A 温度と水と酸素があるのにもかかわらず発芽しないのは、種子が未熟なためか、胚などが十分に発育していない、しいなであるためです。また、大きく成熟しているのに発芽しない場合は、種子が休眠している可能性があります（12ページ**表1-3**参照）。

採種直後の環境は、暑かったり寒かったりで生育に適していない場合が多いため、多くの種子は生育ができる環境になるまで休眠しています。休眠を早く破る方法としては、高温処理、低温処理など

の温度処理があります。また、種類によってはジベレリン（100ppm）、硝酸カリ（0.2％）、チオ尿素（0.5％）などの浸漬処理が有効です。ニンジンなどでは休眠物質が果皮に含まれており、果皮を除いた毛除種子の発芽は良好ですが、種子の単価は高くなります（注1）。

また、種皮がかたい硬実種子では十分に酸素や水分が吸収されないため、発芽は不良となります。例として、小粒のマメ科種子、オクラ、アサガオなどがあり、種皮に傷をつけてやれば発芽できるようになります（ただし種子の端には胚があるのでここを傷つけないよう注意し、横側を傷つけるほうがよい）。

レタスは、30℃以上高温時では発芽不良をきたしやすいので、ペレット種子などはすべてプライミング処理（ポリエチレングリコールに浸漬処理）されたものが用いられています。また、種子に吸水と乾燥を繰り返すハードニング処理をしたり、プライミング処理すると、不適環境下での発芽を促進する効果があります（注2）。

（注1）一般に販売されている種子は成熟したものを出荷の段階で休眠が覚めたことを確認してから、出荷されています。しかし夏場の種まきでは、高温のため二次休眠がおこってしまうことがあるので、遮光をするなどして高温を防ぐ手だても必要です。

（注2）加工種子には次のようなものがあります。

| ペレット種子 | …………天然成分を主成分とする粉体を用い、種子を核として均一な球状に形成したもの。不整形種子や扁平種子、花き類などの微細種子でもペレット加工することで、取り扱いや機械播種が容易になる。 |

| フィルムコート種子 | ……殺菌剤や着色剤を加えた水溶性ポリマーで種子をコーティング（被覆）し、種子周囲に形成する薄い皮膜に薬剤を保持させたもの。発芽時の病害防除効果はもちろん、粉衣処理やスラリー処理（少量の水分を加えて殺菌剤を種子に付着させる手法）と比べ、薬剤の飛散がきわめて少なく、作業者の安全性も向上する。 |

| ネーキッド種子 | …………ホウレンソウ種子はかたい果皮に覆われているため、発芽障害をおこしやすい。このかたい皮を除去して裸状（ネーキッド）にして、発芽性を改善したもの。 |

| プライミング処理 | ………種子が吸水して発芽に至るまでの代謝活動を、人工的に進めた種子のこと。プライミングとは発芽を準備している、の意。発芽ぞろいや発芽スピードの改善、不良環境下での発芽向上など大きなメリットを得られる。この技術は種子内部に対する生理的処理という点で、これまでの種子加工技術と異なる。 |

Q1-8 わが家で今年栽培した野菜から種採りは可能？

A 野菜の種子には、固定種と一代雑種のF１(エフワン)種子があります。固定種は、形態や性質などの形質の似通ったグループ中から採種されているので、自家採種は可能です。しかし、最近の種子はほとんどがF１で、雑種一代目の優性を狙って交配されたものですから、その二代目になる採種種子をまいても形質は不揃いとなり、親と同じような形質に揃ってなることはまずありません。F１種子の形質を求める場合は、毎回購入する必要があります。

F１種子はつくりやすさや生産性などの育種目標にしたがって、品種改良されています。しかし、固定種にも消費者の嗜好のよい品種は多くあります。固定種の交配は、一定の変異のある集団の中で行なわれるため、選抜の仕方によっては面白い形質を得ることができるからです。ただし、そのぶん個体選抜は技術的に難しくなります。

採種には遺伝因子だけでなく、栽培環境も味などの形質に影響を与えることが知られています。また、気候や土壌条件などの自然環境も影響します。難しい固定種の採種ですが、各地方にあるふるさとの野菜の種子を何とか残して欲しいものです。

もう一言

カイワレダイコンはいつからある？

カイワレダイコンはダイコンの芽ばえで、江戸時代からあるつまみ菜の一種です。子葉が貝を割って出てくるような形態からカイワレと呼ばれます。そのまま栽培すれば大きなダイコンになるのに、芽ばえで収穫してしまうわけですから贅沢な消費形態といえます。事実、江戸時代には何度も禁止されています。

種子の芽ばえは、栄養価が高く、最近ではブロッコリーのカイワレやベニバナのカイワレもあり、抗ガン作用や高血圧の予防効果などが期待されて、需要が増加しています。ただ、かなりの数の種子がその生産に必要なため、国内生産で採算があわず、安い海外で生産された種子が利用されています。

2章 生長 — 発芽後の体づくり

Q 2-1 1年草、2年草と塊茎類、宿根草はどこがちがう?

A 1年草・2年草は一巡植物で、一度花が咲くとその植物は枯れてしまいます。種をまいてから1年以内に開花するのが1年草、1〜2年かかるのが2年草です(図2-1)。品種にもよりますがタマネギは1年草で、キャベツは2年草です。

これに対して毎年花が咲くのが宿根草で、塊茎・球茎・塊根や木本もこれに含まれ、多巡植物あるいは多年草と呼ばれます。宿根草としてはイチゴやフキ、アスパラガスがあり、ジャガイモは塊茎、サトイモは球茎、サツマイモは塊根です。木本の野菜にはサンショウとタラノキがあります。

図2-1 1年草と2年草のライフサイクル(田口、1970年を修正)

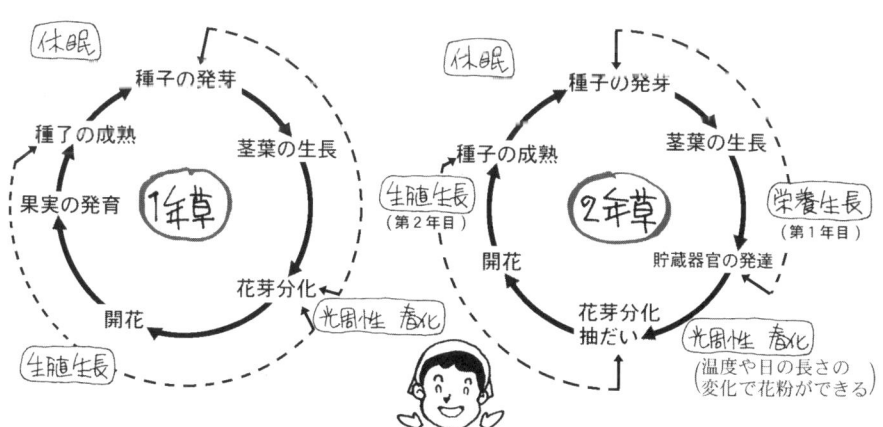

Q 2-2 寒さに弱い野菜、暑さに弱い野菜、何がちがう？

A 暑さに強い野菜は、春に種子をまくナスやトウガラシなど熱帯原産の野菜です（**表2-1**）。これらの葉の表面にはたくさんの白い毛が生えて光を反射しており、体温が上がるのを防いでいます。しかし、温度が氷点下まで下がると細胞内の水分が凍り、細胞が破壊されます。そこで冬季には、開花・結実を順調にさせるために暖房か保温をしたビニールハウスなどで栽培します。

逆に、寒さに強い野菜の多くは温帯原産の野菜で、秋に種子をまくハクサイやダイコンなどがあります。これらは、細胞内に多くの塩類を含んでいるため0℃以下でも凍らず、細胞が破壊されるのを防いでいます。ただし、高温になると、生産された光合成産物の多くが呼吸で消費されてしまい、貯蔵されるべき養分が足りなくなって生長が止まったり、細胞が死んでしまったりします。

野菜を栽培するときは、生育がもっとも旺盛なときが適温になるよう種子のまきどきを決め、それを守ることが大切です。

表2-1 高温性野菜と低温性野菜（熊沢三郎、1953）

温度適応性		種類
低温性野菜 （適温約10〜18℃）	耐暑性の 強い種類	イチゴ、エンドウ、ソラマメ、ハクサイ、キャベツ、メキャベツ、ツケナ類、カラシナ類、ホウレンソウ、ネギ、ラッキョウ、リーキ、ダイコン、カブ、ワサビ
	耐暑性の やや弱い種類	カリフラワー、レタス、セルリー、シュンギク、セリ、ミツバ、フダンソウ、アスパラガス、フキ、ウド、ニンニク、ワケギ、ジャガイモ、ニンジン、ビート
高温性野菜 （適温約18〜26℃）	耐暑性の 弱い種類	トマト、キュウリ、マクワウリ、スイカ、カボチャ、インゲンマメ、ベニバナインゲン、ライマビーン、スイートコーン、ユリ、ゴボウ
	耐暑性の 強い種類	ナス、トウガラシ、シロウリ、トウガン、ユウガオ、ニガウリ、ヘチマ、ハヤトウリ、ササゲ、エダマメ、フジマメ、ナタマメ、オクラ、シソ、ツルナ、ツルムラサキ、スイゼンジナ、ヨウサイ、ミョウガ、マコモ、タケノコ、ニラ、ヒユ、ハスイモ、サトイモ、ヤマイモ、サツマイモ、レンコン、クワイ、キクイモ、ショウガ

Q 2-3 野菜が生育するのに必要な光とは？

A 植物は根から吸収した養水分を材料に、太陽光を利用して葉で光合成を行ない、炭水化物をつくっています。光合成に必要なのは青色（450ナノメートル〈以下nm〉付近、図2-2）と赤色（660nm付近）の光で、これらは葉緑体に吸収されます。一度吸収されると、その陰にある葉には有効な光が届かず、光合成もできません。そこで、光を受けるため葉は隣の葉と重ならないように、一定の角度をあけて茎に規則的についています。

光が弱いと、光合成産物の生産量と呼吸による消費量が同じになります。

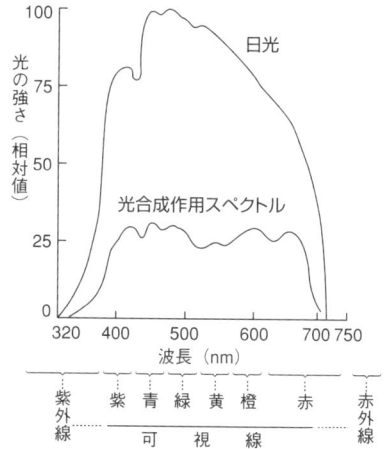

図2-2 日光の分光輻射エネルギー分布と光合成作用スペクトル（高野、1991を修正）

〔注〕
1 μm ＝ 1,000nm ＝ 10,000Å
1nm ＝ 1/1,000 μm ＝ 10Å
1Å ＝ 1/1,0000 μm ＝ 1/10nm

表2-2 各種野菜の光合成特性値（巽、堀、1969を修正）

野菜の種類	最大光合成速度 mgCO$_2$/dm^2/h	光飽和点 klx	光補償点 klx
トマト	31.7（16〜17）	70	3.0
ナス	17.0	40	2.0
トウガラシ	15.0	30	1.5
キュウリ	24.0	55	—
カボチャ	17.0	45	1.5
スイカ	21.0	80	4.0
キャベツ	11.3	40	2.0
ハクサイ	11.0	40	1.5〜2.0
サトイモ	16.0	80	4.0
インゲン	12.0	25	1.5
エンドウ	12.8	40	2.0
セルリー	13.0	45	2.0
レタス	5.7	25	1.5〜2.0
ミツバ	8.3	20	1.0
ミョウガ	2.3	20	1.5
フキ	2.2	20	2.0

そのときの光の強さを光補償点といいます。これより光が強くなるほど光合成は促進され、最大になるときの光の強さを光飽和点（**表2-2**）といいます。トマトの場合、光補償点は3000ルックス（以下、lx）、光飽和点は7万lxで、これは真夏の太陽光ぐらいの強光のときです。そのため曇天が続くと光合成は低下し、生育や花芽の発達も悪くなります。逆に低温期に栽培されるレタスの光補償点は1500～2000lx、光飽和点は2万5000lxです。

なお、ルックスは目で見た明るさの単位で光そのものの強さではないため、最近は光の強度を光合成光量子束密度（PPFD）で示します。2万lx、7万lxはそれぞれ約336μmol m^{-2}s^{-1}（マイクロモル／m^2・秒）、1176μmol m^{-2}s^{-1}となります。

一方、光質についていうと、460nmより長い波長ではおもに熱線となり、低温期にはプラスチックフィルムを通って被覆内を暖める作用があります。逆に、450nmより短い波長では殺菌作用などを示すほか、ナスなどではあの鮮やかな紫色のアントシアニン色素形成を促進します。ガラス室では紫外線を透過しないため、低温期のナス栽培はプラスチックフィルムの下で行ないます。

Q 2-4 光合成に必要な養水分が移動する通路は？

A 茎、根と葉は維管束（図2-3）でつながっており、これには木部と師部があります。木部では根から吸収した養水分を、葉に運んでいます。葉でできた光合成産物は、師部を通って果実や根に運ばれます。

根の細胞は塩類を含んで高浸透圧であるため、これに接している土壌中の養水分は細胞内へと吸収されます。一方、葉からは水分が蒸散するためその不足を補おうとして、毛細管現象により維管束でつながった1本の水の柱を通じて、根での吸収が促進されることになります。

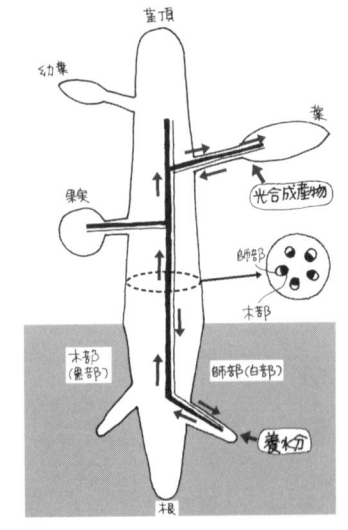

図2-3 植物体内の維管束の発達

Q 2-5 接ぎ木するとなぜ病気に強くなる？

A 多くの土壌伝染性の病原菌は、根から侵入してきます。しかし、抵抗性をもった系統の野菜を台木にして、栽培したい野菜を穂木として接ぎ木をすると、罹病を防ぐことができます。台木には一般的に同じ種類の野菜を選びますが、近縁の野菜に接ぐこともあります。「ウリのつるには

表2-3 数種野菜の抵抗性台木

種類	対象病害	抵抗性台木
キュウリ	つるわれ病	ニュースーパー雲竜、ビックパワー
	うどんこ病	ときわパワーZ2、胡座
スイカ	つるわれ病	相生、さきがけ（ユウガオ台木）
	つるわれ病	ライオン冬瓜、アトム冬瓜（トウガン台）
メロン	つるわれ病	園研メロン台木2号、健脚（友台）
トマト	あおがれ病	ベスパ、影武者
	根ぐされ萎ちょう病	ドクターK、フィット
ナス	半枯れ病など	ヒラナス（アカナス）、トルバムビガー

図2-4 果菜類の接ぎ木

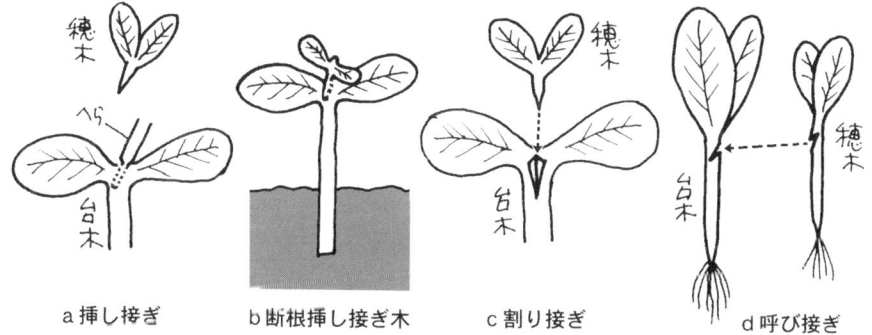

a 挿し接ぎ　　b 断根挿し接ぎ木　　c 割り接ぎ　　d 呼び接ぎ

手順
（挿し接ぎ
の場合）

① 穂木より数日前に台木の種子をまく。
② 挿し接ぎでは竹べらなどの先をとがらし、台木の先端を切りとった後に穴をあける。
③ 穂木の茎基部をカミソリで斜めに切り、台木にさし込む。
④ しっかり穂木を固定し、動かないようにする。
　②～④の操作は暖かくて、湿度の高いところで行なう。
⑤ 数日～1週間程度で穂木がしっかり固定しており、芽が動き出せば成功。

ナスビはならぬ」といいますが、カボチャのつるにスイカをならすことはできます。

穂木と台木には親和性と呼ばれる相性があり、相手を選びます（表2-3）。接いだ木がうまく活着するかどうかは、いかにお互いの形成層を密着させ、その癒合をすみやかに進めるかにかかっています。そのため、クリップやテープなどで接ぎ木部を固定したり、乾燥しないように養生することが大切です（図2-4）。最近では接ぎ木をするロボットもできています。

具体的な活用例として、低温伸長性の台木を選べば低温期の栽培が可能になり、また特定の台木にキュウリを接げば、果実に白粉（ブルーム）の出ないブルームレスのキュウリをつくることもできます。ただし、ヒラナスと呼ばれる赤い果実のつく台木にナスを接いだ場合、台木から伸びてくる芽はすべて摘み取らないとヒラナスの赤い果実がつき、「トマトがついたのでは?!」と驚くことになります。

Q 2-6 トマトやキュウリの果実をつくるのに何枚の葉が必要？

A 果樹では果実あたりの葉数が重要な意味をもち、野菜の場合にはどんどん新しい葉が出て果実数も増加するため、葉数よりはその旺盛な生育こそが重要です。トマトでは3枚の葉ごとに花房があり、1花房あたり最大7〜8個の果実がつきます。キュウリでは葉ごとに1〜2個の果実がつきます。そのため、つねに花芽と葉が旺盛に生育するよう、栄養生長と生殖生長のバランスを保つことが大切です。

キュウリの「かんざし苗」（次ページ参照）は生殖生長のかたよった例で、カボチャやスイカのつるぼけは栄養生長にかたよった例です。葉が多すぎて花の着きが悪い場合は、摘心や整枝をして茎葉の生育を抑える必要があります（73、74ページ参照）。

Q 2-7 キュウリのかんざし苗の原因は何？

A キュウリのかんざし苗（図2-5）は生育が生殖生長にかたよった現れで、逆にカボチャやスイカのつるぼけは栄養生長にかたよった証拠

2章 生長 — 発芽後の体づくり

です。過度に養分が不足すると、生育は不良になり、貧弱な花がつくようになります。これらの花はたとえ咲いても、十分に発達することはできません。早めに摘心をして、下の節位からわき芽を伸ばすと同時に、施肥をして栄養状態を改善してやります。

葉が多すぎて花のつきが悪い場合には、摘心や整枝をして茎葉の過度な栄養生長を抑える必要があります。ナスでも茎葉が繁りすぎると着果が不良になるため、植物ホルモンのオーキシンを葉面散布して、果実形成を促進させたりします。

図2-5 キュウリのかんざし苗
茎が伸びないでわき芽に多数の花芽がつき、葉も生長しなくなります。

Q 2-8 ダイコンをつくるのにどれくらいの水が必要か？

A　ダイコンなど野菜の収穫物のほとんどが9割程度の水分を含んでいます。野菜は光合成に水分を必要とするだけでなく、体温の上昇を防ぐ目的で蒸散もしており、かなりの水分を吸収しています。

土壌に含まれる水分は、土壌粒子の団粒構造や土壌孔隙率に左右されます。土壌粒子への水分の吸着程度はそれに相当する水柱の高さ（cm）を対数で示します。1000cmは10^3でその対数は3、100cmは10^2でその対数は2となります。これをpF（ピーエフ）と呼び、

この値が大きくなるほど水分が土壌に強く吸着され、植物が水分を利用するのが難しくなります。根が吸収できるのはpF 1.8〜3.8の水分です。

野菜の乾物1gを生産するのに必要な水分量（g）を、要水量あるいは蒸散係数と呼びます。この要水量、蒸散係数は、野菜の種類によって100〜1000とかなり違います（表2-4）。野菜の栽培に必要な水分量は乾物重に要水量をかければ求められ、ハクサイでは株あたり50kg、キュウリでは100kgとなります。もちろんこの値は、果実をどれだ

23

けつけるかによっても変わります。
　茎葉が旺盛に生育し、花や果実が発達するには多量の水を必要とします。曇雨天では蒸散が少なくなりますが、晴天では朝早くから光合成は始まり、日中はとくに蒸散が多くなるので、午前中早いうちの十分な灌水が大切です。

表2-4　野菜などの全蒸散量と蒸散係数（内藤、1969）

作物	測定日数	全蒸散量 kg/株	乾物重 g/株	蒸散係数 （要水量）	日蒸散量 平均g/株
ハクサイ	72	50.7	154	329	704
キャベツ	43	34.7	177	196	807
レタス	49	6.6	36	183	135
セルリー	94	55.9	78	716	595
ハナヤサイ	68	88.9	153	581	1,308
サトイモ	133	156.1	507	308	1,174
ショウガ	119	94.8	95	998	797
キュウリ	64	101.7	133	765	1,591
ナス	63	100.3	237	423	1,590
ピーマン	78	96.9	155	625	1,244
トウモロコシ	76	39.9	416	96	525
ダイズ（疎植）	138	149.0	255	584	1,080
〃　　（密植）	138	42.4	73	581	307
水稲（水田作）	101	14.2	48	296	140
〃　（畑　作）	101	17.5	48	364	172

Q 2-9　トマトには支柱で、キュウリはネット。逆ではいけない？

A　加工用などを除く一般のトマトは、まず葉を7～8枚分化して、その先に第1花房がつきます。第1花房に花ができるころ、先端のわき芽が生長を始め、葉を3枚分化して先端に第2花房をつけます。これを繰り返していくため、見かけ上は主茎から花房ができるように見えます。しかし、トマトではわき芽にまきひげができないため、ふつうは支柱に誘引します。

　一方、キュウリでは、それぞれの葉と茎の間に1～2個の花とまきひげができます。品種によっては、わき芽が側枝に発達します。ネットを張っておけば主枝や側枝から出たまきひげが自然に巻きついて伸びていきます。ネットを使用すると管理がしやすく、場所をとりません。

Q 2-10 茎が折れたり葉がちぎれても、またなぜ生えてくる？

A 植物のすべての細胞は、同じ遺伝情報をもっています。生長が始まると、茎は茎、根は根として発達します。しかし、根や茎を切り離して別々に砂床に挿したり、試験管内に植えたりすると、根から茎（不定芽）が、茎からは根（不定根）が新たに分化します。これを利用して葉挿しや根挿しとして栄養繁殖が行なわれていますが、試験管内で培養すると、一つの細胞から完全な個体がつくれます。これは植物細胞が「分化全能性」をもっているためで、これを利用してクローン増殖や無病苗ができるようになりました。分化全能性については118ページQ11-8でもふれています。

3章 結球（球形成）
― 葉の展開と葉菜、結球野菜

＊この章では、一般的な葉の特性と、その部分を収穫する野菜（葉菜と結球する葉球、りん茎）について解説します。

Q 3-1 結球ってどんな状態のこと？

A 結球とは葉が何層にも重なりあった状態になることで、葉球とりん茎の二つの種類があります。

葉球をつくる野菜には、双子葉植物であるアブラナ科のハクサイ、キャベツ、メキャベツとキク科のレタスなどがあります。葉球の茎はほとんど伸びないロゼット型で、葉の増加にともない、葉が重なりあって結球します（図3-1）。

初めにできる葉は縦長ですが、結球するころになると葉の幅がだんだん広くなり、また葉柄も短くなります。その結果、葉身長／葉幅長比が1以下の、横長の葉になってきます（図3-2）。

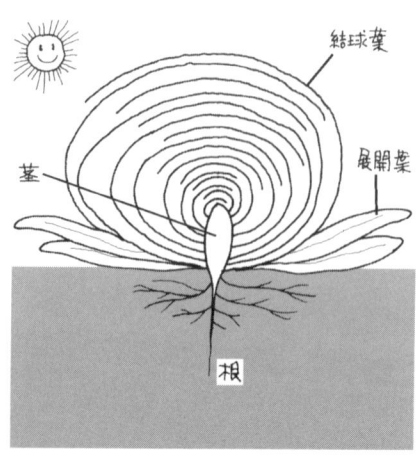

図3-1 葉球の形態（キャベツの断面簡略図）

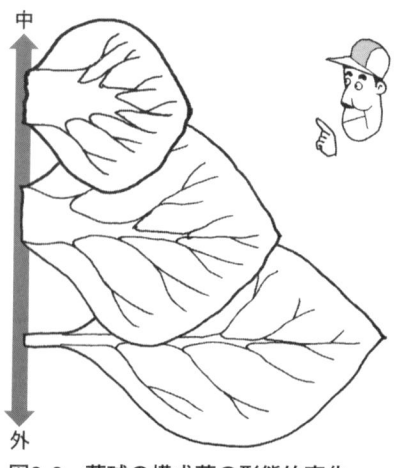

図3-2 葉球の構成葉の形態的変化（キャベツ）

Q 3-2 葉球はどんなしくみで結球する？

A 葉球ができるには、まず20枚前後の葉ができていることが必要です。その後、展開していた葉が立ち上がって結球態勢をとるようになりますが、これには光の明暗が関係しています。

光が弱くなると、外側の葉が立ち上がって結球態勢を取り始めます。するとその内部の葉は立ち上がった外葉によって光を遮られさらに暗くなるため、やはり立ち上がってくることになります。このような作用が内側まで連続しておこることで、内部葉はいっそう重なりあうようになり、結球程度が進んでいきます。葉球では、あとで述べるりん茎のように特別の葉ができるわけではありません。

この光の明暗は、成熟葉の裏側の先端がもっとも敏感に感じます。したがって、しっかりと堅く結球させるには、まず十分に施肥を行ない、たくさんの葉をつくらせて旺盛に生育させておく必要があります。また結球の程度は種類、品種によって異なり、とくにハクサイなどでは結球程度によって、抱合型、抱被型と抱頭型に分けられます（図3-3）。

図3-3 ハクサイの結球型

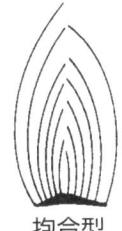
抱合型

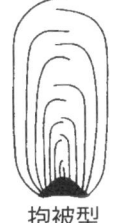
抱被型

抱頭型

もう一言

チンゲンサイやパクチョイはハクサイの仲間とききましたが、結球しますか？

ハクサイ類には多くの種類があります。結球の程度もいろいろで、結球種、半結球種と不結球種があります。ハクサイ類のうち不結球種は、ツケナとして別のグループに分けられます。このツケナはさらにいくつかの群に分類され、アブラナ群、カブナ群、タイサイ群、キサラギナ群などがあります。

チンゲンサイやパクチョイは、近年中国野菜として栽培されるようになり、いずれもタイサイ群に属す半結球タイプです。昭和58年に農水省により葉柄の色について整理され、緑色のものをチンゲンサイ、白色のものをパクチョイと分類されました。いずれも葉の基部はかたく重なっていますが、葉の上半分は展開しています。

Q 3-3 ハクサイなどに葉重型と葉数型があるときいたけど、どうちがう？

A ハクサイやキャベツなどには、葉重型と葉数型の品種があります。葉重型では、球（玉）をつくっている葉数は多くないかわりに、それぞれの葉が重くなって球が充実しています。それに対して葉数型では、個々の葉はそれほど重くないかわりに、葉数が増加して球が充実しています。葉数型は早生種に多く、葉重型では中生種あるいは晩生種に多く見られます。

サラダ、煮物、炒め物には多汁で甘みのある葉重型が適しており、キムチやハクサイ漬には葉数の多い葉数型が適しています。

Q 3-4 地中海原産のキャベツを日本で栽培する際の注意点は？

A キャベツの原産地はヨーロッパの地中海地方です。そのヨーロッパの気候は日本と比べて、かなり冷涼です。また、冬は温暖で雨が降り、夏は乾燥します。これに対し日本は、梅雨から夏にかけてよく雨が降り、湿度もかなり高くなります（図3-4）。こうした気候風土にキャベツをいかに適合させるか、明治時代以来、さまざまな努力がなされてきました。その結果、現在ではどの季節でも品種さえ選べば周年栽培が可能になっています。

しかし、高温期にできた球（玉）は多湿で腐りやすく、また低温期には花芽分化しやすい傾向があります。花芽分化して抽だいがおこると、球のしまりが悪くなり、品質をいちじるしく下げるため、播種期と品種の選択が重要になります。それでも、暖冬あるいは寒波襲来などで収穫時期が集中して、価格の高騰あるいは下落がおこることがあります。安全策としては、播種時期を少しずつズラしてやるのがよいでしょう。

また、キャベツ類の葉の表面にはワックスがあり、乾燥や虫の害を防いでいます。外葉に汚れがついていても、結球が進む過程では中心部にできる葉が巻いていって結球ができあがるため薬剤やホコリが中に残っていることはありません（図3-5）。

3章 結球（球形成）──葉の展開と葉菜、結球野菜

図3-4 地中海と日本の気候比較

キャベツなどヨーロッパ原産の野菜をつくるときは播種期と品種の選択がポイントになる

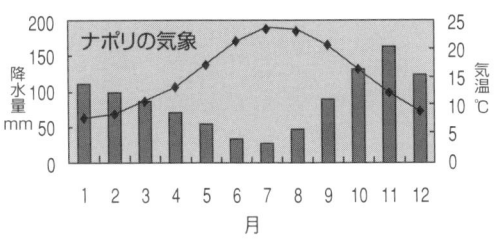

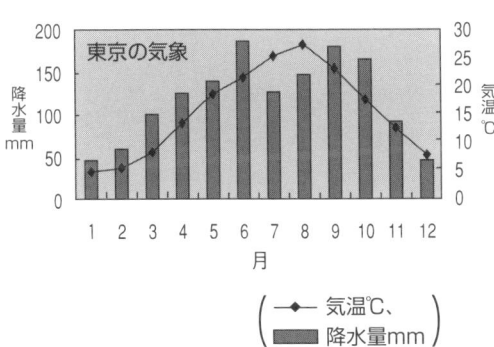

（◆─ 気温℃、■ 降水量mm）

図3-5 キャベツ結球の様子

①結球前

②結球開始

③結球

タキイ種苗㈱提供

Q 3-5 りん茎にはどんな野菜があり、どのようにして結球する？

A 単子葉植物であるユリ科のニンニク、タマネギ、ラッキョウ、オニユリなどはりん茎をつくる野菜です。これらはやはり茎が伸びないロゼット型の野菜で、葉数の増加にともない地下部の葉が肥厚を始めて結球します。これがりん茎です。

代表的なりん茎であるタマネギ球を構成している4種類の葉を、**図3-6**に示しました。まず一番外側には、茶褐

29

色の薄い保護葉があり、その内側には白色でいちじるしく肥厚した肥厚葉と貯蔵葉があって、これらが球のほとんどを占めています。もっとも内側には、小さな萌芽葉があります。

保護葉と肥厚葉には葉身と葉鞘（ようしょう）があります。葉鞘は双子葉植物の葉柄に相当する器官です（図3-7）。貯蔵葉になるともはや葉身はなくなり、光合成産物を蓄えるだけの葉鞘組織だけが発達しています。しかし、中心の萌芽葉はまた葉身と葉鞘をもってきます。タマネギはふつう4～5月に収穫され、その後は秋まで休眠に入りますが、休眠が破れると中心の萌芽葉から萌芽して、緑色の葉身が伸びてきます。

りん茎形成には、冬季の低温経過が有効で、さらにその後の春の温暖・長日条件で結球が誘導されます。このとき、温度の高いほど、また日長の長いほど、結球とその後の肥大は促進されます。タマネギでは品種ごとに、肥大開始に好適な温度と日長があるので、栽培地にあわせた品種の選択が重要になります。

図3-6　タマネギりん茎の構成葉

肥厚葉は葉身で光合成をしているが、貯蔵葉では葉身がなく養分を貯蔵するだけ

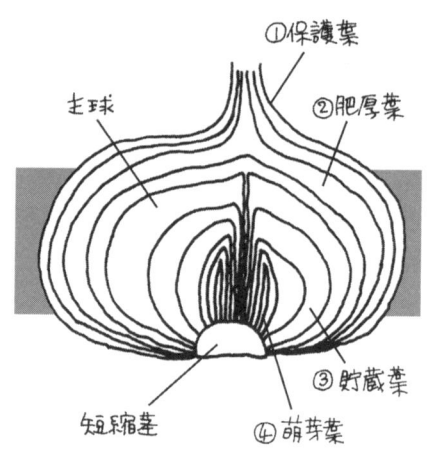

図3-7　双子葉植物（左）と単子葉植物（右）の比較

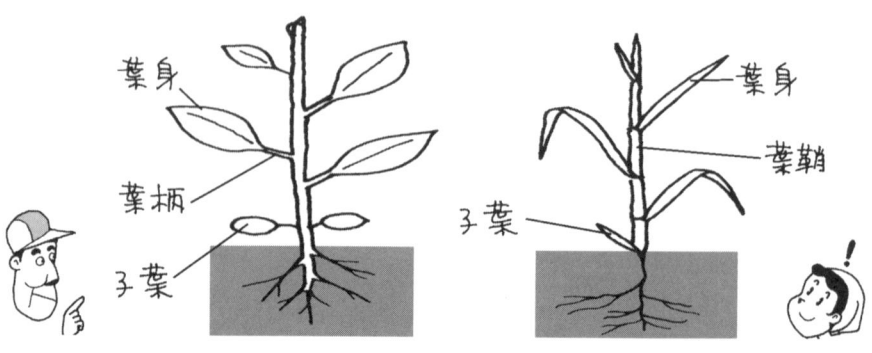

Q 3-6 アサツキとワケギとラッキョウ、生育の差がつくのはいつ？

A ワケギはネギとタマネギの雑種であるため、抽だい・開花はほとんどせず、夏過ぎにできる小球で殖やします。一方、同じ小球をつくってもラッキョウでは、夏までに球ができ、秋に花が咲きます。ただし種子はできません。抽だいして伸びてきた花茎は、ニンニクのトウと同様に、中が詰まっています。アサツキはこの2種類よりさらに早く小球をつけ、4～5月に開花します。アサツキの花茎はネギの花茎と同様に中が中空で、ラッキョウのように詰まってはいません。

これら三種の生育の見分けは、以上のように小球の肥大時期、開花時期そして花茎の形からつけられます。

では、タマネギとネギではどうでしょう？　たとえばタマネギをまいた畑にネギのタネをまいてしまった。見分けは可能でしょうか？

答えは、すぐには無理ですが、ある程度生育してくればできるようになるでしょう。

ネギの葉鞘は肥大しませんが、タマネギの葉鞘は肥大します。また、ネギはよく分げつ（わき芽が伸びて新しい個体ができること）しますが、タマネギではほとんど分球しません。しかし、これらの形態的差異が現れるのは生育がかなり進んでからで、播種後2カ月間はその判定は困難だと思われます。りん茎が肥大を開始するまでは、葉断面の形状の違いを利用するしかないでしょう。両者の葉断面の形状には多少の差異があり、ネギでは丸形、タマネギでは丸形がややくずれて楕円形になっています。

やはり種子をまいたときに、ラベルにしっかりと日付と名前を書いておくに越したことはありません。

Q 3-7 ニンニクの球が分かれず1つになることがあるのは、なぜ？

A ニンニクのりん茎（球）は、ふつう8～10の小りん茎に分球します。これは定植したりん茎に花芽ができるとその下のわき芽が発達して、いくつかの小りん茎ができてくるからです。

ところが、りん茎が小さかったり、まだ低温期の春に植えたりすると、種

球に花芽ができず、そのため分球が形成されないことがあります。種球がそのまま少し肥大して、中心球と呼ばれるニンニクができます。このような中心球ができると、分球数が少なくなり減収します。

低温に十分にあたって花芽がつくられるよう、植付けの時期が遅れないことと、施肥量をきちんと守って土壌に混ぜ、そこへ十分な大きさの充実した種球を植え付けることが肝心です。

Q 3-8 タマネギに分球がたくさんできてしまったが、なぜ？

A ニンニクと同じようにタマネギでも分球は発生します。しかし、タマネギの場合、分球はなるべく出さないほうがよいのです。そのためには花芽の形成を遅らせる、つまりなるべく抽だいを遅らせることが大事です。

実際、収穫期のタマネギりん茎では、主球以外に1～2個の分球がおこっています。秋に植えたタマネギ苗が早く大きくなると抽だいしやすくなり、分球も増加する傾向があります。播種期が早かったり、肥料が多すぎたり、あるいは秋の温度が高くて生育が進んだりした場合には、苗は大きくなって抽だいしやすくなり、分球も増加する可能性があります。分球を抑え、球をよく肥大させるには、この抽だいを遅らせることが肝心になります。

葉球でもりん茎でも結球が開始するまでに植物体を旺盛に生育させておくことが重要ですが、あまり早く大きく球が肥大すると抽だいが早まるので、極端な早まき、過度の施肥に注意します。

また、球の大きさと収穫時期は逆の関係にあり、多収を期待するには、晩生種を選び、早い収穫を期待するには早生種を選ぶなど、品種選択を的確にすることも重要です。

Q 3-9 キャベツとメキャベツって、どこがちがう？

A キャベツ類には多くの仲間（図3-8）があります。、結球しなくて茎の伸びるケールから、結球するキャベツができました。さらにその後、つぼみが多肉化したブロッコリーやカリフラワー、茎の基部が肥大した

コールラビができています（**図3-9**）。メキャベツもその仲間で、キャベツと異なり茎はよく伸長します。多くのわき芽は小球となりますが、主茎の先端がキャベツのように結球することはありません（**図3-10**）。生育期間が長いため、日本ではそれほど栽培が広がっていませんが、キャベツ同様に栄養価は高く、まとまって繊維分もとれるので、将来の消費の伸びが期待されています。

図3-8　キャベツとその仲間（断面の形態図）

キャベツ　　カリフラワー　　ブロッコリー

メキャベツ　　コールラビ　　ケール

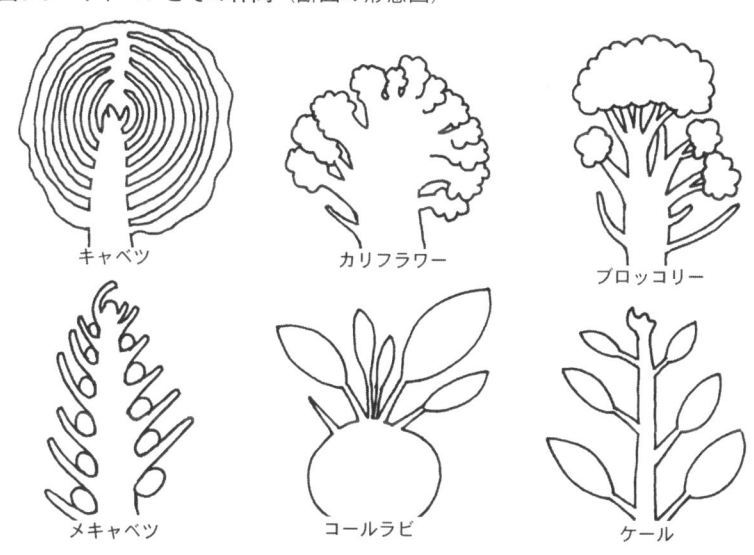

図3-10　多くのわき芽が小さく結球するメキャベツ（右）

図3-9　ケール（上）とコールラビ（右）

ケールの葉は結球しないで茎は伸び、コールラビの茎は肥大する

4章 根の生長 — 根の働きと根菜類

*この章では、根の一般的な働きを紹介したうえで、育苗など栽培とのかかわりを見、つづいて根菜類の生育について解説します。

Q 4-1 根の役割ってそもそも何？

A 根は地下部で発達して植物体を支えていますが（図4-1）、もっとも大きな働きは養水分の吸収です。

根の先端には分裂組織、伸長帯と吸収帯があります。分裂組織では分岐がおこり、新しい根ができており、その下の伸長帯でおもに伸長しています。吸収帯では表面積を多くするため、1cmに数十本というたくさんの根毛が発生していて、養水分を効率的に吸収しています。双子葉植物では主根とそれから分岐した細い繊維根からできていますが、単子葉植物は繊維根だけからできています。また、肥料成分はおもに地表近くにあるため、繊維根であるひげ根は地表面から地下50cmくらいによく分布しています。

根張りをよくするには、土を耕耘して通気性と保水性のよくすること、そして未熟な堆肥や石などを除くことが大切です。

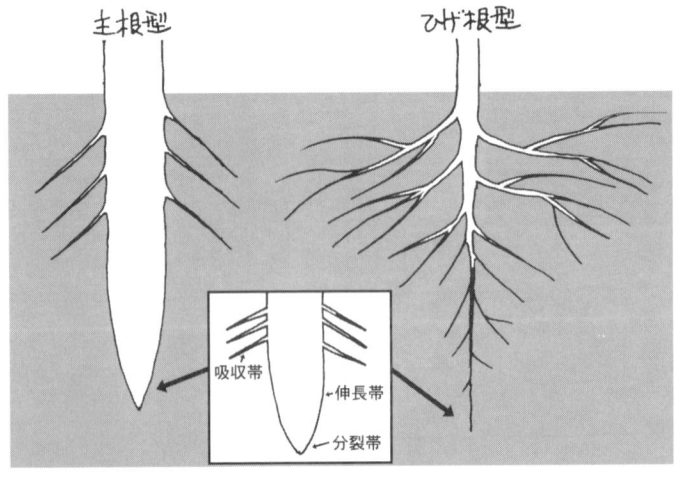

図4-1 根の発達
主根がよく発達する型と、主根のかわりに細根が発達するひげ根型がある

Q 4-2 根毛の寿命ってどれくらい？

A 前項で述べたように、根の吸収帯には根毛が発生しており、ここで養水分がおもに吸収されています。この重要な根毛ですが寿命がきわめて短く、野菜では2～3日とされています。つまり、健全な生育を確保するためには、つねに旺盛な根毛の発生が必要だということです。ただし、根が養液に浸かった養液耕では根毛の発達はみられず、根が直接養分を吸収しています。葉がしおれたり葉色が悪かったりして葉面散布をすることがありますが、これはあくまでも緊急処置です。吸収量も、根毛からの吸収に比べ、吸水する場所が限られているため一割程度にすぎません。

定植直後の活着促進にべたがけをして（カンレイシャなど作物を覆う）乾燥を防いでやりますが、これは定植によって根毛が切れ、十分吸水できないでいる苗の生育を助けてやるものです。

Q 4-3 ウリ類は過度に摘心してはいけない、ときいたけどなぜ？

A 植物は根から養水分の十分な供給がなければ、茎葉の生育を支える光合成が行なえず、耐病性も減じて、生育は悪くなります。そこで、地上部と地下部がともに旺盛に生長し、さらに両者の吊り合いがとれている状態が必要です。これがたとえば、茎葉の生育が過度に進むとつるぼけになることは、22ページですでに述べました。

また、ウリ類は浅根性（次ページの**表4-1**）で発根が遅く、摘心によって茎葉を制限しすぎると、根の伸長が不良になり、生育障害をおこすことがあります。それを防ぐには摘心を過度に行なわず、伸長しかけた側枝をつねに2～3本は残しておくようにします。

なお、蒸散の盛んな日中に葉がしおれることがありますが、夕方に回復するようであれば問題はありません。しかし、夕方になってもしおれが回復しなければ、根が過湿か障害かで傷んでいると思われます。過湿の場合は周囲を掘って土を乾かしますが、ひどく傷んでしまっていたらあきらめて、新しい苗を植え直したほうがよいです。

地植えであれば地下水から毛細管現

象で上がってくる水分があり、根がその水分を利用できるところまで伸びれば、乾燥の心配はなくなります。かえって灌水をしすぎたために、根が地中に十分発達できず、表面近くにだけ分布して、乾燥や病害などの影響を受けやすくなる例が少なくありません。灌水しながらすぐ水が吸収されるようであればよいのですが、たまってすぐに吸収されなかったり、表面に水ゴケがあるようなら水のやりすぎです。

Q 4-4 根はどんな土、条件でよく伸びる？

A 根の分布特性（表4-1）は種類によって変わるため、施肥位置を考慮する必要があります。根がよく伸びるかどうかは土壌構造、通気性（酸素要求、表4-2）、土壌温度、土壌水分、土壌酸度などが関係します。

土壌構造でいうと土壌粒子が小さすぎても（粘土）大きすぎても（砂、れき）、養水分の保持力はなく、栽培土壌としては不適となります。栽培に適しているのは、粘土含量が25〜37.5％の壌土か、あるいは37.5〜50％の埴壌土です。

栽培には、保水力と通気性のよい土壌が要求されます。それには団粒構造（図4-2）をもつ土が最適で、土壌の固相：液相：気相が1：1：1の割合になっています。有機物を混入することにより、団粒化はいっそう促進されるため、できるだけ堆肥などの有機物を土に入れたいものです（土壌に含まれる水分については、23ページのQ2-8を参照）。

日本の土壌の特徴として火山灰の堆積しているところが多く、また雨量が多いため酸性になりやすいことです。石灰を用いて土壌酸度を中性に補正するとともに、リン酸を補ってやる必要があります。

表4-1 根の分布特性

植物	根の分布位置
タマネギ、ネギ、ホウレンソウ	浅根性（40〜50cm）で広がりも狭い
ダイコン、ゴボウ、ニンジン	きわめて深根性（1〜2m）
キャベツ、トマト	水平（1.5m）並びに垂直（1.5m）にも広がる
ウリ類（キュウリ、スイカなど）	浅根性（30〜40cm）で横（2m）に広がる

表4-2 根の酸素要求（篭橋ら、1970を修正）

植物	酸素要求程度
レタス、ナス、キュウリ、トマト、キャベツ	酸素不足に強い
ホウレンソウ、ゴボウ、ダイコン、サツマイモ	酸素不足に弱い
カリフラワー、ニンジン、ピーマン、メロン	酸素不足にもっとも弱い

多くの野菜は、弱酸性～中性でもっとも根の伸長が促進されます（表4-3）。

また、畑の土はトラクターや耕耘機で耕されますが、機械の重さで土が固くしまりやすく、鋤床と呼ばれる根の入っていけない地層ができてしまいます。そこで、土壌構造を改善するために、年に一度、冬季に深耕するとともに天地返しをして、雑草防除と殺虫・殺菌をします。

根の伸長適温を**表4-4**に示しましたが、暖かいほうが根の生長はよくなります。地中深いところの地温は比較的高く安定しているので、深く張った根で安定して生長できます。

図4-2　団粒構造
団粒間の毛管孔隙（狭いすき間）の水分は土に保たれるが、非毛管孔隙（広いすき間）では流失する

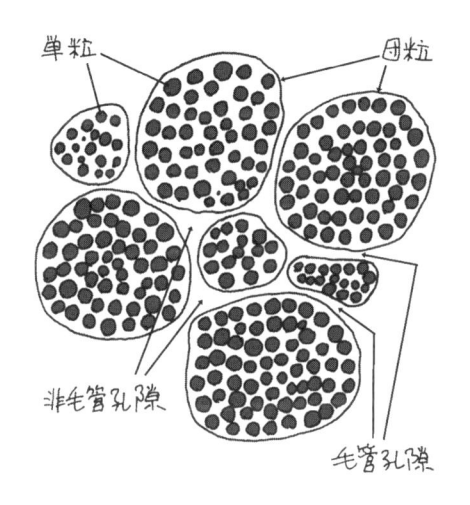

表4-3　根の土壌酸度耐性（Yamaguchi、1983を修正）

	pH 5.0	5.5	6.0	6.5	6.8
土壌酸度への耐性（生育範囲）		酸性に弱い	pH6.0〜6.8　アスパラガス、セルリー、メロン、ホウレンソウ、ブロッコリー、ハクサイ、キャベツ、カリフラワー、レタス、タマネギ、ネギ		
	酸性にやや強い		pH5.5 -6.8　インゲン、カボチャ、ダイコン、ニンジン、キュウリ、トマト、ナス、トウガラシ、エンドウ、ニンニク、カブ		
	酸性に強い		pH5.0〜6.8　サツマイモ、スイカ、ジャガイモ、サトイモ		

表4-4　根の伸長適温

種類	伸長適温（℃）	種類	伸長適温（℃）	種類	伸長適温（℃）
ホウレンソウ	13.3	ネギ	19.9	シュンギク	24.7
エンドウ	13.7	ハツカダイコン	20.2	シソ	25.3
ダイコン	18.1	カブ	20.2	ゴボウ	25.5
ニンジン	19.3	カボチャ	22.9	ナス	29.8
コマツナ	19.9	ユウガオ	22.9	トマト	30.5

Q 4-5 土壌中の微生物が根に及ぼす影響は？

A 根の表面は、「ムシゲル」（図4-3）と呼ばれる粘質の有機物で覆われていることがあります。土壌中には多くの微生物が棲息しており、このムシゲルを利用して増殖しています。これらの微生物は土壌中の有機物を分解してCO_2を放出したりして、根の無機養分の吸収を助けており、根とは共生関係にあります。マメ科植物と根粒菌の共生はよく知られています。

また、糸状菌（しじょうきん）が共生的関係にある根を菌根といいます。VA菌根菌（きんこんきん）（AM菌とも）と呼ばれる糸状菌が植物の根と共生関係になるとリンの吸収がよくなり、生長が旺盛になることがあります。トマトやニンジン、セルリ、タマネギなどでもこの菌根が見つかっていて、その利用が試みられています（注）。

（注）資材としては、キンコンキング（北興化学）、ＢＦコンキン（住化農業資材）、やまとキンコン（大和農園）などがあります。

図4-3　根の表面を覆っているムシゲル
ある種の微生物はムシゲルを分解して利用し、また植物によるリン酸などの吸収を助けている

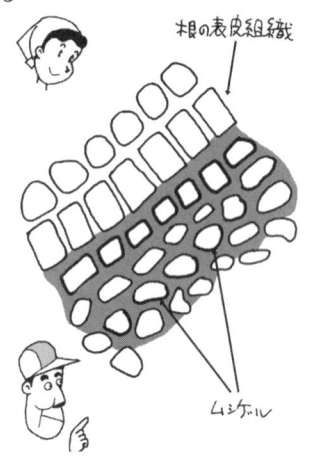

Q 4-6 根菜のレンコンやワサビは水の中で育てられるけど、その根は水に強い？

A 根は一般に、茎に比べて耐水性があります。しかし、根菜類がつねによく水に耐えるかというと、そうではありません。根菜類でも一定の通気性と、適度の水分を要求します。

たとえば、湛水状態で栽培されるレ

ンコンには9〜10個くらいの穴がありますが、この穴は維管束を通って葉まで続いています。そのような構造から数節おきに側枝が地上部に出ており、そこからレンコンの生長に必要な空気を送っています。またワサビも、ただ水に浸かっているというより、酸素濃度の高い冷水がつねに流れている状態が必要です。根菜類でも湿度が高く、酸素が不足する条件下では、根腐病や立枯病にかかり、根は腐敗します。レンコンやワサビが湛水状態で栽培されるからといって、とくに水に強いわけではなく、ましてこれらが根菜類だからといって、一般的に根菜類の根が水に強いということはありません。むしろ、

ニンジンやサツマイモなどは地下水位の低い畑でこそよく育ちます（表4-5）。

表4-5　各種野菜の好適地下水位（茨城農試、1982）
果菜類では粘質土、根菜類で砂質土が適している。水田後には保水力が必要なナスもよい。

野菜の種類	好適地下水位（cm）
サトイモ	28〜33
ショウガ	25〜31
ナス	25以下
トウガラシ	30以下
キュウリ	33
キャベツ（夏まき）	35以下
トマト	36
レタス	36〜46
ハクサイ	36以下
タマネギ	49以下
ニンジン（夏まき）	60以下
ホウレンソウ	60以下
カリフラワー	70以下
スイカ	71
インゲン	75
サツマイモ	90

Q 4-7　同じ根菜だけど、ダイコンとイモのちがいって何？

A 根菜には、ダイコンのように種子繁殖で殖えて、その根が肥大した直根類と、ジャガイモのように栄養繁殖で殖えて、生育の過程で一部の器官が肥大するイモ類があります。

イモ類は一般にデンプン質で糖分を含みますが、直根類はデンプン質ではありません。直根類とイモ類の具体例については、表4-6に示しました。

直根類では主根が分岐することなく

表4-6　根菜類の分類

種類	名称	植物
直根類		ダイコン、ニンジン、カブ、ゴボウ
イモ類	塊茎	ジャガイモ、チョロギ、キクイモ
	球茎	サトイモ、クワイ、ショウガ
	塊根	サツマイモ
	根茎	レンコン
	担根体	ヤマノイモ

伸長・肥大し、それ以外の根は繊維根になります。土壌中に石や未熟な堆肥があったり、虫害で根の先端が障害を受けると、伸びてきた根の先端が障害を受けて分岐し、また根になるので注意が必要です。

Q 4-8 イモ類にもいろいろあるけど、何がちがう？

A 表4-6に示したように、イモ類といってもいろいろですが、イモ類は肥大部位により図4-4のように分類されます。

ジャガイモのように塊茎類（かいけい）は、地下部にある側枝の茎が伸びないで肥大したものです。その表面にたくさんの節と芽があり、休眠が破れるとこれらの芽が萌芽してきます（45ページ図4-9・10参照）。サトイモでは球茎となり、肥大部位は塊茎と同じですが、外観が球状であるため塊茎と区別されます。サツマイモなどの塊根（かいこん）は一部の根が肥大したもので、通常、芽は先端部にだけあります。これ以外ではレンコンのように茎と根の特性をもち水平に生長する根茎や、ヤマノイモのように茎と根の特性をもち垂直に下に伸長する担根体（たんこんたい）があります。

サツマイモの栽培では親イモからとった側枝を挿し穂として畑に斜めに挿しますが、その角度や葉数などが、イモの数とその大きさに影響します。サトイモの場合は、形成された小イモからも芽が地上に出てくることがあります。この芽を放任するとイモが小さくなるので、ふつうは土寄せしてやってその芽が伸びないようにします。

図4-4 イモ類とその肥大部位
それぞれのイモの発達部位を比べるため、ひとつにまとめています

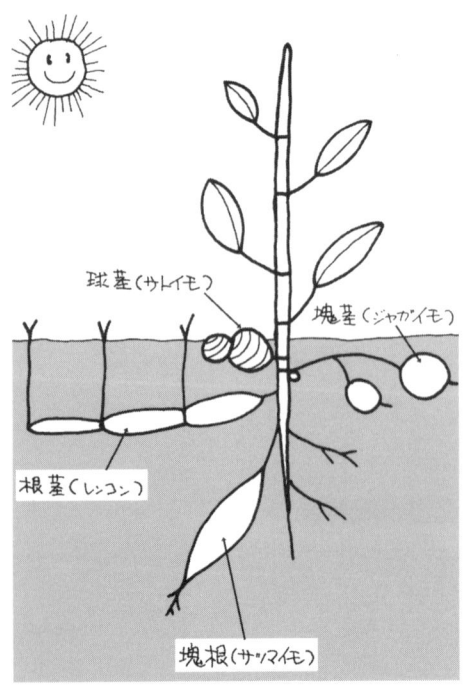

- 球茎（サトイモ）
- 塊茎（ジャガイモ）
- 根茎（レンコン）
- 塊根（サツマイモ）

Q 4-9 ダイコンのす入りはなぜおこる？

A ダイコンでは、す入りと岐根（また根）の発生が問題となります。す入り（図4-5）は品種にもよりますが、急激に根が肥大した際に、同化産物の供給がともなわず内容物のない細胞・組織ができ、繊維質の老化した組織になる一種の飢餓状態です。防止策としては、光合成を促進することが重要で、根とバランスをとって茎葉の生育促進をはかってやります。

キンピラゴボウやサラダゴボウで、木くずが入っているとよく勘違いされるのも、このす入りがおこった材料を使ったためです。また、ショウガをおろしがねでおろしたときに出てくる繊維状の物質は、木質化した細胞の多い維管束組織だと思われます。

図4-5 ダイコンのす入り

Q 4-10 連作障害はなぜおこる？

A 野菜の多くは畑で栽培されます。同じ種類の作物を栽培すると、根の生育が悪くなりやすく、たとえばエンドウでは根が褐変し、根菜類では主根と細根の生長が阻害されて岐根になりやすく、収量が低下します。ウリ類では土壌中の病原菌がふえ、つるわれ病が多発して栽培できなくなります。また、肥料の養分吸収特性が同じであるため、土壌中の特定の成分に過不足が生じて、栽培作物に欠乏症状や過剰障害がでたりします。

また、アブラナ科やナス科など、それぞれ同じ種類ごとに特定の病気にかかりやすい性質があります。一度、病気が発生した土壌にはその病原菌が残りやすく、後作に同じ種類を栽培すると病害はさらにひどくなります。種類はちがうと思っても、タバコもナス、トマト、ピーマンもジャガイモもすべ

てナス科作物であり、病害虫は共通しており注意が必要です。

こうした連作障害をなくすには、まず連作できる年数を守って栽培することで、そのうえで湛水状態にして集積した塩類を除去したり、イナ作を輪作に入れたりするのは有効です。病気に強い台木に接ぎ木することで、ナス科やウリ科野菜ではある程度障害が軽減されます。連作を嫌う野菜と、その連作できる限界の年数を**表4-7**に示しました。

表4-7 連作を嫌う野菜

連作を避ける年数	野菜名
0	トウモロコシ、ツケナ、カブ、レンコン、クワイ、ニンニク、アスパラガス、ウド、ハナヤサイ、イチゴ、セリ、キャベツ
1	ネギ、ホウレンソウ、セルリー、ダイズ
2	ジャガイモ、ナガイモ、ソラマメ、キュウリ、ラッカセイ
3	サトイモ、食用キク、マクワウリ、トマト、トウガラシ、インゲン
5	ゴボウ、スイカ、ナス、エンドウ、ハクサイ

Q 4-11 ダイコンはみな、白くて長い？

A 西域（現在の中央アジア）から中国を経由して、ダイコンは日本に渡来しました。しかし、日本の地形は南北に長く、山が多くて平野が少なく、気象はかなり複雑です。土の構造も、粘土質から砂質まで変化に富んでいます。このようにさまざまな条件の場所で栽培されたダイコンは、ほかの野菜と同様、かなり形態的に変化しました。

もっとも一般的な形は長根種で、宮重や練馬ダイコンがありますが、同じ長根種でも、先端の細い尻細練馬、先端まで太る大蔵ダイコン、中央部がふくらむ三浦ダイコンなどさまざまです。これに対し丸ダイコンの代表に桜島や聖護院ダイコンがあり、逆にゴボウのように細長い、漬物用の守口ダイコンもあります（**図4-6**）。

また根の形とは別に、後述するように根の一部が地上に出てくる抽根性のダイコンと、土の中でだけ伸びる吸い込み性のダイコンがあります。関西などでは丸ダイコンか抽根性のダイコンが栽培されますが、それは耕土が浅いためです。

さらに、ダイコンの色は白だと思うかも知れませんが、抽根型のダイコンは肩の部分がやや青味を帯びています。外国では外の皮や中が緑色、赤色、

黒色、あるいは皮部が緑色で中が紅色のダイコンもあります。

　中国の南部では赤や緑色のダイコンがよく利用され、やや甘みをもっているようです。彩りのよさからサラダなどに使われたり、彫刻してかざりにも使われるようです。

　カブやハツカダイコンでは、赤い色をした品種が多く使われていますが、日本ではダイコンはなぜか白色が主流で、ほかの色のものは広がらなかったようです。

図4-6　ダイコンの肥大部分の変異

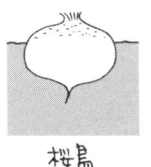

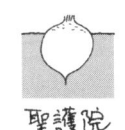

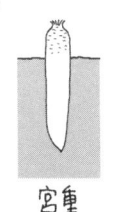

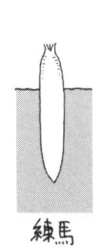

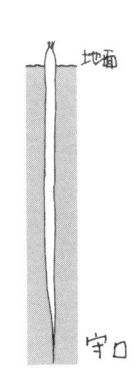

Q 4-12　青首ダイコンの肩部は土から出ているけど、なぜ？

A　日本語では青と緑の区別が曖昧なことがありますが、ダイコンには青首ダイコンと呼ばれる肩部が緑色になる品種群があります。

図4-7　伸び上がるダイコン、沈みこむイチゴ —— 抽根性とけん引根

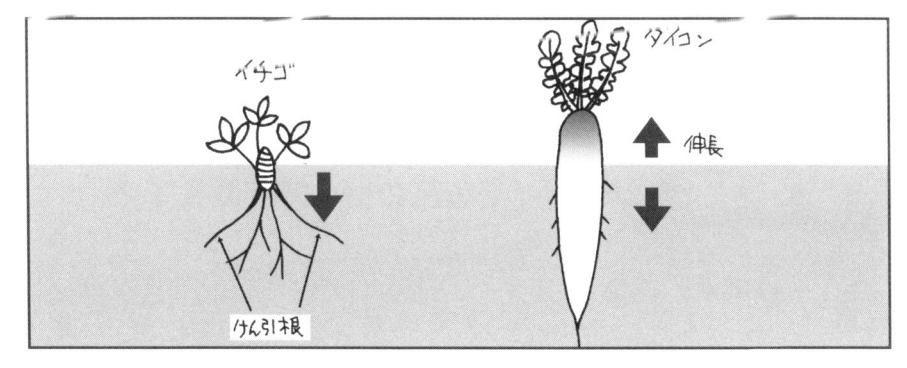

前項で紹介したように青首ダイコンの多くは抽根性（図4-7）といって、肩の部分が地上部より上に伸長し、先端部は下へ伸長します。そのため、土をかけてもかけても青首の部分は地上部に出てきます。この分は下胚軸といって、根ではなく本来は茎に相当する部分です。

逆にニンジン、ゴボウ、イチゴなどでは、根に収縮作用があり、またけん引根が発達しているため、浅植えにしておいても根を地中に引き込み、地中に保持する性質があります。

Q 4-13 サツマイモの苗はどんな方法でつくりますか？

A 茎が短縮してできたジャガイモは、たくさんある節のわき芽から芽を出します。しかしサツマイモは根が肥大したものであるため、芽の出る位置は頂部に限られます。イモをそのまま植えていたのでは、苗の数が足らなくなります。

そこで、苗床に親イモを植え、それから数本の芽を伸ばします。少量の苗でよい場合にはその伸びたシュートを長さ30cm、展開葉を5～6枚ほどつけて切り取って苗とします。多く必要な場合はシュートを伸ばしてから先端を摘心し、5～6本の分枝を伸ばし、それから苗を取ります。親イモを地床に植えると苗採取作業が大変ですが、NFT（薄膜水耕）など高設のベッド（図4-8）で栽培すると、作業は楽だし繰り返し採苗が可能になります。

図4-8　NFTで栽培するサツマイモのウイルスフリー苗

Q 4-14 ジャガイモの苗の植え方を教えて？

A 茎が短縮してできたジャガイモでは、たくさんの節のわき芽から芽は出てきます。芽にはソラニンという有毒物質が含まれており、動物

たちから食べられないよう身を守っています。私たちもその部分はえぐり取って、食べないようにしているはずです。

ジャガイモは地下にある側枝の先端が肥大してできています。芽のたくさん集まっているほうが先端側で、芽の少ないほうが基部側です（図4-9）。そこでイモについている芽の位置を考えながら、図4-10に示したように縦方向に切断します。イモが小さくて60〜100gであれば2個に、比較的大きくて120g以上なら3〜4個に切ります。これを切り口をよく乾かせてから、種イモとして使います。

芽が2〜3本くらい伸び出してきたころが、植え付けの適期となります。普通地帯では3月ころと8月ころの2回、定植適期があります。イモの3倍くらいの穴を掘り、芽の出たほうを上向きにして植え、7〜8cmほど覆土します。株間は20〜25cmくらいあけます。

イモを植えてから3週間くらいすると、数本の芽が8〜10本くらい伸びてくるので、長さが8〜10cmくらいになったら、生育の旺盛な2本のみ残します。芽を除く際には、手で芽の周りを押さえてイモが上に出てこないよう注意します。強く抜いてはいけません。イモが動けば、せっかく地中に張った根が切れてしまうからです。

茎葉が旺盛に育ってきたら株元に土寄せをしてやり、イモの肥大を進めます。土寄せが不十分だとイモに光があたって緑色になり、品質が低下するためです。

図4-9　ジャガイモの形態

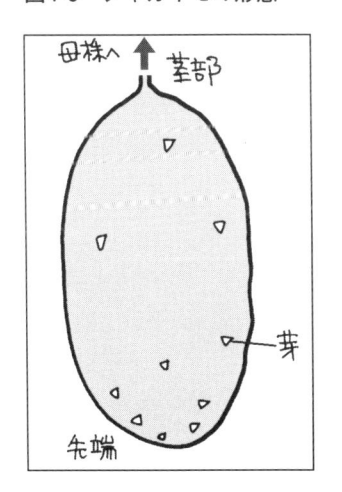

図4-10　種イモの切断

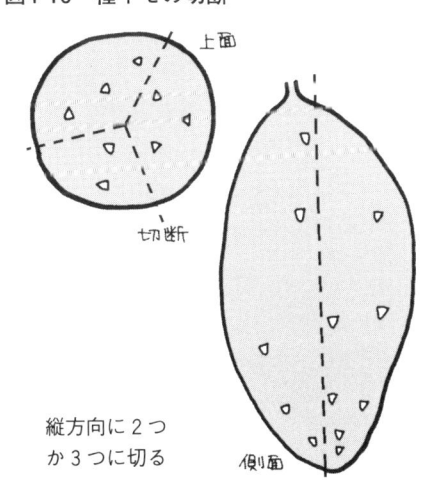

縦方向に2つか3つに切る

5章

抽だい ― 花茎（トウ）の伸長

Q 5-1　抽だいとはどんな状態をいう？

A　抽だい（図5-1）というのは、ふつうでは茎が伸びないはずのロゼット型のキャベツやダイコンなどの作物で、花芽ができるとともに茎が伸びてくることをいいます。この花芽をもった茎である花茎を、トウと一般にいっています。ふつうの状態で茎が伸びているトマトやキュウリなどでは、茎が伸びても抽だいとは呼びません。

図5-1　ロゼット型からの抽だい

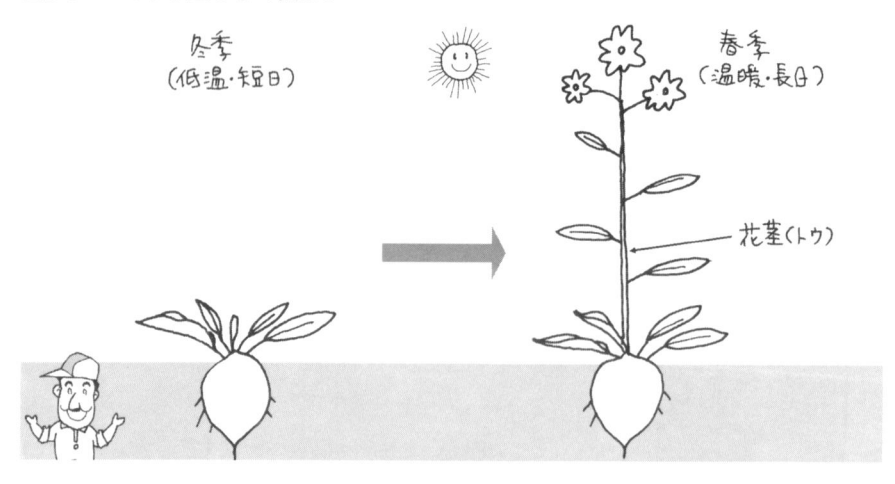

根菜類は、抽だいしないよう管理することが大切

Q 5-2 エダマメ、ショウガやヤグラネギはなぜ花が咲かない?

A エダマメの場合、よく生育しているのに花が咲かないのは、チッソ肥料が多すぎて、茎葉が繁茂しすぎたためでしょう。追肥を減らし、繁茂している茎葉を整理して栄養生長を抑えてやると、花が咲くようになります。また、花が咲いても落花するのは土壌の乾燥が考えられます。適度の灌水を怠らないようにし、マルチなどをして土壌の乾燥を防いでやります。

ショウガやサトイモの花(図5-2)が咲かないのは、これらが熱帯起源の野菜であるのに、日本では高温の日数がそれほど多くないからです。日本でも異常な高温の年には、各地で開花が見られます。また、これらの野菜は株分けで殖やすため、花を咲かして種子をとる必要がありません。だから、花のできにくい個体を、自然に選抜している可能性もあるでしょう。

ヤグラネギやニンニクでは、抽だいはするのですが花芽はできないで、珠芽と呼ばれる小球ができ(図5-3)、やがてその珠芽が萌芽して葉が伸びてきます。

図5-2 サトイモの花
日本ではよほど高温にならないと咲かない

図5-3 ニンニクの花
ニンニクは抽だいしてくるまで葉だけで茎は伸びない。抽だい後に花序に蕾はできるが、珠芽だけが旺盛に発達する

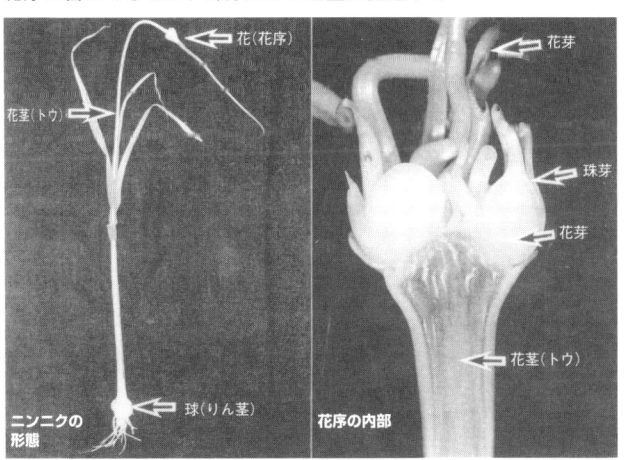

Q 5-3 ジャガイモの花は取ったほうがいい？その果実は食べられる？

A 先に根菜類では、花芽をつけさせないように管理すると説明しました。しかし、ジャガイモの場合、花はたくさん咲きますが、果実になる品種はそれほど多くありません。仮に果実ができても、地下部にできるイモの形成には悪影響はないようです。たくさん花が咲いても、取らないで放っておいてかまいません。ただ、できた果実は、苦くて食べられません。

ジャガイモでも、最近はウイルス病の感染を防ぐため、栄養繁殖でなく種子で殖やす品種もできています。これをシードポテトといいますが、これらでは果実ができるようです（119ページ参照）。

余談ですが、ジャガイモにミニトマトを接ぎ木すると果実はできますが、イモが肥大し始めると果実は大きくならないようです。

Q 5-4 抽だいするには適温がある？

A 一般に、茎・根の伸長と花芽の形成には、それぞれ適温があります。

たとえばダイコンの根の伸長適温は、品種によっても異なりますがだいたい10～15℃くらいです。しかし、抽だい・花芽分化はそれより低い5～10℃くらいの温度条件が必要です。この抽だいの適温と花芽分化の適温とはなかなか分けにくいのですが、花芽分化のほうが抽だいより若干低いようです。一般的に、低温要求の程度としては花芽分化がもっとも大きく、次いで抽だい、その後に根の伸長がきます。

カリフラワーを秋作した場合にこの関係が明らかになります。可食部である花らいができるには低温が必要ですが、収穫期の温度はそれほど低くないため、花芽はまだほとんどできていません。収穫期を過ぎ、さらに低温にあたると、その後に花らいの表面がデコボコになり、いくつかの分枝が伸び出してきます。それからさらに低温にあたることで、分枝に花芽ができるようになります。そこで、低温要求の多い順に並べると、花芽分化、抽だい、花らい形成の順になります。

Q 5-5 ハクサイやチンゲンサイのトウは食べられる？

A　ハクサイもチンゲンサイも、ともにアブラナ科の野菜で、どちらも黄色のつぼみをつけ、若いつぼみと若茎は食べることができます。古くから私たちは茎立ち菜という名前で、結球しない多くのハクサイ類の、抽だいした花茎を春先に食べていました。

これらはつぼみと若茎を食べるため、今までの葉菜類とは別に、花菜類とも呼ばれます。花菜類としては、ブロッコリー、カリフラワー、ナバナ、サイシンとカイランなどがあります。花菜類は一般に栄養価が高く、とくにカルシウム、鉄、ビタミンA（カロテン）、B1、B2、Cが多く含まれています（表5-1）。

表5-1　花菜類とキャベツの栄養比較（単位は、ビタミンAがμg、ほかはすべてmg）

種　類	カルシュウム mg	鉄 mg	ビタミン			
			A（カロテン）μg	B1 mg	B2 mg	C mg
キャベツ	43	0.3	50	0.04	0.03	41
ブロッコリー	38	1.0	810	0.14	0.20	120
カリフラワー	24	0.6	18	0.06	0.11	81
ナバナ	160	2.9	2200	0.16	0.28	130
アーチチョーク	52	0.8	6	0.08	0.10	15
カイラン	46	1.3	750	－*	－	156
サイシン	51	1.7	830			99

－*　測定値なし

（五訂日本食品標準成分表、藤目、1996）

Q 5-6 カリフラワーとブロッコリーは同じ野菜？ちがう野菜？

A　どちらも若いつぼみを食べる花菜類であり、花らいの色はカリフラワーはふつうは白色、ブロッコリーは緑色です（表5-2）。カリフラワーの茎はほとんど伸びないでロゼット状ですが、ブロッコリーではよく伸びます。

大きく異なるのは分枝の出方です。カリフラワーでは分枝は出ないで、先端にできる花らいを収穫します。これに対し、ブロッコリーでは先端の頂花らいを収穫した後にも、わき芽から出る分枝が発達するため、この側花らいも収穫できます（図5-4）。

また、カリフラワーの収穫期の花らいには、花芽の原基ができているだけです。しかし、ブロッコリーの花らい

にある花芽は、花弁や雄しべなどの花器がすでにできています。そのため、暖かい時期に店先などに置いておくと花が咲いてくることがあります。カリフラワーの場合、花らいを構成している茎が伸び出した後に、やっと花芽が発達できるようになります。

図5-4　ブロッコリーの側花らい（頂花らいの下）。

（タキイ種苗㈱提供）

表5-2　カリフラワーとブロッコリーの違い

	カリフラワー	ブロッコリー
花らいの色	おもに白色	緑色
茎の伸長	ほとんど伸びない	よく伸びる
脇芽の発生	ない	よく発生する
花芽の発達	原基の状態で止まっている	よく発達している

Q 5-7　ネギやチコリーの軟白はなぜする？

A　チコリーもネギも抽だいする前の葉を食べる野菜です。ともに軟白することで利用価値が高まります。チコリーを軟白するのは、関東で根深ネギを土寄せして軟白しているのと同じ理由からです。軟白というのは、光を遮って白く軟らかく育てることをいいます。

関東では冬の風はきつく寒いため、そのままだとネギの葉は硬く、カサカサになってしまいます。そこで早めに土寄せして寒害から守るとともに光を遮ってやると、あの軟らかくてみずみずしい白ネギ（根深ネギ）ができます。

チコリーもそのままでは葉は硬く、少し苦みが残ります。そこでふつう1〜2月ころ生育の停止した根株を掘り上げ、葉の基部を3〜5cm残して切って、暗所で18〜20℃くらいに保温しながら育ててやります。このようにしてできた軟白葉を収穫すると、まっ白で苦みの少ない、しまって柔らかい葉になります。おいしいサラダ素材などになるというわけです。

こうした軟白にはチコリーのように根株を暗所に植える方法、ネギのように土寄せする方法、そしてモヤシのように暗所で発芽させる方法の3通りの

やり方があります。セルリー、ミョウガ、ウドなど香りがきつい野菜も軟白することでマイルドな香りになりおいしくできます。またモヤシ、ホワイトアスパラガス、カイワレなど多くの野菜で軟白処理が行なわれ、食卓に彩りを添えています。

ミョウガは日本原産の野菜で、土の中で地下茎が発達して増殖します。花芽は地下茎にでき、その後地面から伸びてきます。このつぼみを花ミョウガとして食べます。地下茎から伸びてきた茎を暗いところで軟白したものがミョウガタケで、花ミョウガとともに独特の味と香りを楽しむことのできる香辛料野菜です。

Q 5-8 童謡に出てくる「菜の花」ってどんな植物？

A　童謡に出てくる菜の花は、おそらく野菜としてではなくナタネ油を取るために植えられていた、ナタネの花だと思われます。日本では古く平安時代のころから、食用油あるいは灯り取り用の油としてナタネが各地で栽培されてきました。京都の北野天満宮でも、2月25日に「菜種の御供」と称してナタネをお供えしていたようです。もっとも、菜という言葉は古くには食品の総称でもあり、狭い意味でも葉菜全般を指していました。

最近はナタネ油も再評価されるようになり、栽培の増加も見込まれています。ただし、従来の和種ナタネよりは洋種ナタネのほうが生育が旺盛なため、その栽培がふえる傾向にあります。

もともとナタネは油を取る目的で栽培されていたのが、その後になって観賞用のハナナと、つぼみと若茎を食べる花菜としてのナバナに分かれ、今日に至っています。

ナバナ、ウド、ミョウガ、花丸キュウリ、フキやニンニクのトウなど、私たちは意外に多くの花菜類を食べていますが（表5-1）、栄養価が高くおいしいからでしょう。最近ではズッキーニの花などもスープに入れたり、サラダに使われるようになりました。

シソの花穂やナバナのつぼみは従来から利用されてきましたが、それに加えて各種のハーブの花もサラダなどに利用されるようになってきています。

6章 花芽形成
― 花の素質と受精のしくみ

Q 6-1 花のかたち、基本構造はどうなっている？

A　花をつくっている器官として、外側からがく、花弁、雄しべ、雌しべがあります（図6-1）。これらの花器はすべて葉が変形したもので、段階的に形態が変わっています。中間的な形態のがくを葉と比べると、がくでは葉にある切れ込みはなくなり、またわき芽がなくなっています。さらにそれより内側の花弁では葉緑素は黄色、赤色などの色素に変わっています。

花弁の内側には雄しべがありますが、花弁と雄しべは同じ原基から発達してできていることをよく示す種類もあります。ツバキではたくさんある花弁のうち、中にあるほど小さくなり、最後には雄しべと見分けのつかないものが出てきます。

雄しべの長さと雌しべの柱頭の位置は重要で、種子や果実の発達に関係してくることは、Q6-9でも説明します。

図6-1　花の形態

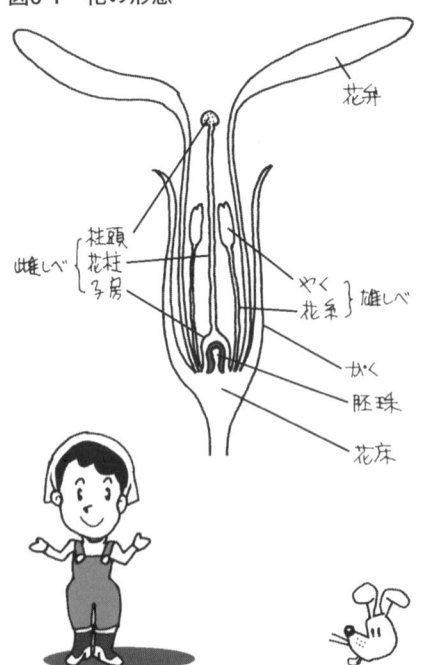

Q 6-2 花の咲き方はさまざまだけど、どうちがう？

A 種類によって、花が一つずつわき芽につく場合と、花房（花序）といって、いくつかの花がまとまってつく場合があります（図6-2）。トマトやキャベツは花房で6～数十の花がつき、キュウリやメロンではたいてい花が一つだけつきます。イチゴやシュンギクでは一つの花のように見えますが、たくさんの花が集まってできており、頭状花序といいます。

また花の周辺部にあり花弁のように見える花を舌状花、中央部の色の濃いところを筒状花といい、詳しくは第8章で説明します。

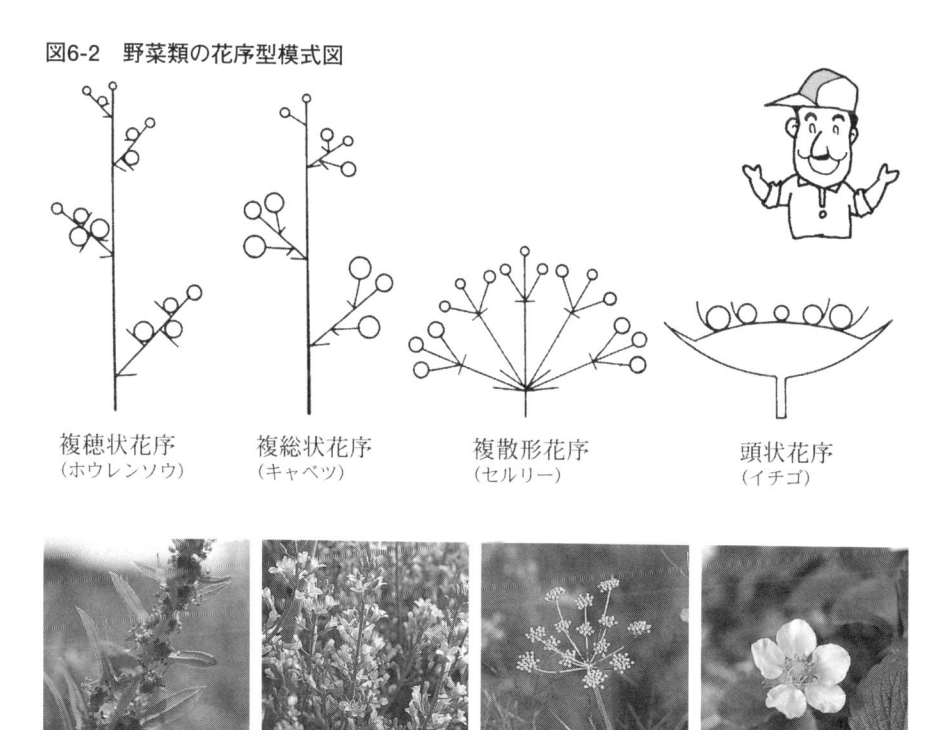

図6-2　野菜類の花序型模式図

複穂状花序　　　複総状花序　　　複散形花序　　　頭状花序
（ホウレンソウ）　（キャベツ）　　（セルリー）　　（イチゴ）

（ホウレンソウ）　（キャベツ）　　（セルリー）　　（イチゴ）

（タキイ種苗㈱提供）

Q 6-3 花のつく場所も、種類によってちがうようですね？

A　花のつく場所が茎の先端の野菜と、葉のつけ根のわき芽部につく野菜があります（図6-3）。キャベツ、ホウレンソウ、トマトやブロッコリーの花は茎の先端につき、オクラ、キュウリやソラマメ、エンドウなどマメ類の花はわき芽部につきます。

トマトの場合はちょっと複雑で、見かけ上は茎に花房がついているように見えますが、実際は茎の先端につきます。花房が発達するにつれ、そのすぐ下のわき芽が生長して茎は太くなっていくので、これが主茎のように見えます。また、ときどきトマトで心止まりがおきるのは、茎の先端に花芽ができず生育が止まるためです（図6-4）。

図6-3　葉の付け根のわき芽につくオクラ（右）やマメ類（左、写真はソラマメ）

図6-4　トマトの心止まり
わき芽が出なくなり、先端には花芽だけがある

Q 6-4 花にさまざまな色やかたち、香りがあるのはどうして？

A 受粉・受精を効率よくするためです。受粉を助けているミツバチやマルハナバチは、美しい花に誘われてやってきます。イチゴやスイカがその例です。ただミツバチは赤と黒は区別できません。白色はそれに反射する紫外線を見て認識しています。そのためか、野菜の多くの花は黄色か白色です。くっきりとした色の白、黄色の花を咲かすことが大事で、そうするとミツバチも集まりやすく、受粉・受精はもっと促進されるでしょう。

虫媒花のもう一つは、甲虫またはチョウやガで媒介される場合です。嗅覚の発達した甲虫を誘引するため、ユリなどは強いにおいを出しています。また、チョウやガは雄しべを押しわけなくとも、細長い吸収器官を花の奥に差し込んで、蜜腺から蜜を吸うことができます。そのため、チョウやガが訪れる花は細長いかたちをしています。モンシロチョウはレタスやアザミなどのほか、キャベツやハクサイにもよくやってきます。

Q 6-5 花芽ができて開花する過程を教えて？

A 花芽ができるまでには、①催花、②花芽原基の形成、③花芽の発達という3段階があります。その後、④出らいを経て⑤開花し、これらの①～⑤の過程を花成と呼びます。

催花とは、花芽形成を誘導する段階のことです。花芽形成は遺伝的な要因ですべてが決まるわけではなく、環境条件にも依存しています。つづく花芽の発達過程では、花芽にがくと花弁などの花器ができるとともに、花芽の数が増加します。

花芽の形成条件と花芽の発達条件とは異なる場合があり、注意が必要です。たとえばイチゴは短日・低温で花芽を形成しますが、発達するのは温暖・長日条件です。早く収穫しようと温暖・長日にしておくと、次の花房の形成はおこらなくなります。おもな野菜の花芽の形成条件と発達条件を次ページの**表6-1**に示しておきました。

表6-1　主要野菜の花芽形成と発達の条件

野菜	花芽分化の条件 主要因（副要因）	花芽発達の条件
ブロッコリー	低温・長日	温暖・長日
カリフラワー	低温	〃
ダイコン	低温（長日）	〃
オクラ	低温（短日）	〃
イチゴ	低温・短日	〃
シソ	短日	〃
シュンギク	長日（低温）	〃
レタス	温暖	〃
トウガラシ	栄養条件（長日）	高温・長日
ピーマン	栄養条件（長日）	〃
シシトウ	栄養条件（長日）	〃

Q 6-6　キャベツの花は何年も咲かないときいたけど、本当？

A 秋に種子をまく多くの野菜は、植物体春化型（Q6-8を参照）の低温要求性をもっています。植物が体として一定の低温を感じないと花芽をもたないという意味で、それを春化、"春"になると表現します。それぞれの野菜には最適とされる低温要求があり、その温度に近いほど花芽も早くできます（量的要求、図6-5）。しかし、キャベツの晩生種などでは、この最適の低温に数ヵ月以上あたらないと花芽ができないものがあります（質的要求）。何年も花が咲かないというのは、こういうキャベツのことです。こうした質的・量的反応は光周性、日長に対する反応にもあります。

早生種より中生種、さらには晩生種と早晩性が遅くなるほど、低温要求量は大きくなります。また栽培中に花芽ができると、養分が花芽に集中するため（図6-6）、茎や根での養分蓄積は低下します。そこで、早生種でも大きな低温要求量をもち、花芽ができにくい品種が育成されています。なるべく花芽をつけないように管理する葉菜や根菜で、早く収穫したいばあいにはそうした晩抽性の品種が必要になります。次項でふれます。

6章 花芽形成 — 花の素質と受精のしくみ

図6-5 春化の質的要求（O型）と量的要求（F型）（Wiebe、1989を修正）
（F型は低温ほど少ない葉数で花芽をつけるが、O型では23℃より高くなると花芽は形成されない）

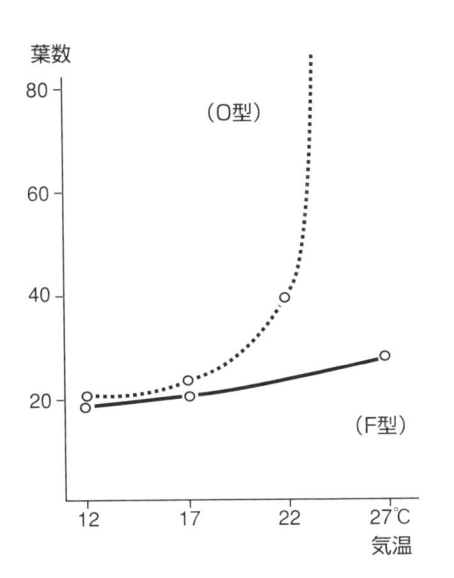

図6-6 ブロッコリーの花らい形成にともなう部位別の乾物重の変化
（花らい形成にともなって、葉や根の乾物重は減り、花らいでは増加が著しい）

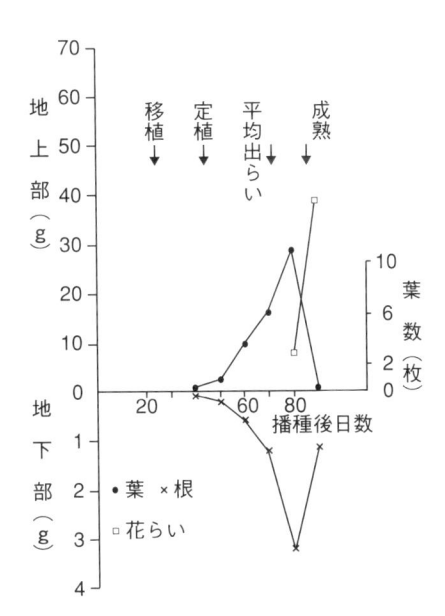

Q 6-7 野菜によっては、花をつけないように管理するのはなぜ？

花芽がつくと、養分は根や茎葉にいくより花芽に集積するようになります。図6-7にブロッコリーの出らいにともなう生長量の変化を示しました。ご覧のように定植時は生育量の大半が葉ですが、出らいにともなって花らいの生育が旺盛になってきます。ブロッコリーなど花らいを収穫する花菜類ではこれでもよいのですが、花菜類以外の葉菜や根菜（キャベツ、ダイコンなど）では花芽の形成にともなって、根や茎葉に養分がいかなくなり、品質が低下してしまいます。そこで、根や葉を食べる野菜は花を着けないよう管理します。前項でふれた早生種で大きな低温要求量をもった晩抽性の品種が開発されているのも、そうした理由からです。

一方、トマトやいまのブロッコリーなどの果菜、花菜類、あるいは採種栽

57

培では、積極的に花芽をつけるとともに、茎葉を旺盛に発育させることが重要となります。

図6-7 ブロッコリーの発育にともなう部位別の乾物生長割合
出らい後、葉・根の養分は花に移動する

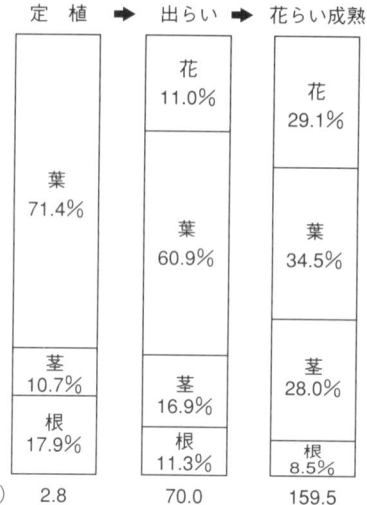

	定植	出らい	花らい成熟
花		11.0%	29.1%
葉	71.4%	60.9%	34.5%
茎	10.7%	16.9%	28.0%
根	17.9%	11.3%	8.5%
全乾物重(g)	2.8	70.0	159.5

Q 6-8 花芽を早くつけたいときにはどうすればよい？

A 花芽形成の誘導条件として、①日長、②温度、③栄養の３つがあります（**表6-2**）。

その１　光周性（日長）

日長によって、花芽形成が左右される性質が光周性です。これは、葉が日長の刺激を受け取っていることによるものです。日長をある長さ（限界日長）より遮光するなどして10時間程度に短くしてやった場合に花芽形成が促進されるのが、短日植物です。短日植

表6-2　野菜の花芽形成の主要要因

花芽形成要因		種類
温度	低温（種子春化）	ハクサイ、ツケナ類、ダイコン、カブ
	低温（植物体春化）	キャベツ、カリフラワー、ブロッコリー、セルリー、ネギ、タマネギ、ニンニク、ニンジン、ゴボウ
	高温	レタス
日長	短日	イチゴ、シソ
	長日	ホウレンソウ、タカナ、シュンギク、ニラ、ラッキョウ
栄養		トマト、ナス、ピーマン

物には、イチゴやシソがあります。イチゴに早く花芽をつけさせるには、遮光をして日長を短くするとともに、気温を15℃くらいにすることが有効です。

逆に花芽がつくのを遅らせるには照明（電照）をして、日長を14時間程度の長さにしてやるか、真夜中に1〜2時間の照明（電照）をします。これは花芽が短日ではなく、長夜で誘導されるからです。長い夜の真夜中に短時間の照明をすると（光中断あるいは暗期中断という）、連続した暗期がなくなるため花芽ができなくなるのです。

日長がある一定の時間より長く14時間程度になったとき花芽ができるのが、長日植物です。長日植物の例として、ホウレンソウやシュンギクがあります。また、日長に関係なく花芽ができるのが中性植物で、トマトやナスなどがそうです。

花芽を早くつけるには、短日植物では遮光などをして短日にし、長日植物では照明をして長日にしてやればよいということです。

なお、街灯あるいは高速道路のそばに畑があり、照明が畑に届いている場合には、たとえ弱い光でも長日効果を示します。そうなると短日植物では花芽形成が遅れ、長日植物ではその逆になることがあるので、注意が必要です。

その2　春化（温度）

秋に種をまいて春に収穫する多くの野菜では、花芽ができるには低温にあたる必要があり、これを春化といいます。ハクサイやダイコンでは、発芽した種子が0〜5℃くらいの低温にあたると、その後に花芽を形成します（種子春化、シードバーナリ）。しかし、タマネギやニンジン、ブロッコリーでは一定の体の大きさになってからでないと、約5〜10℃の低温に反応できません。これを植物体春化、プラントバーナリといいます。

これらの野菜では、茎頂とわき芽とで低温刺激を受け取っています。また、どちらの低温要求型の野菜でも、低温を受けた後に約25℃以上の高温にあたると花芽はできなくなります。これを脱春化といいます。春先に収穫するダイコンなどでは、トンネルをかけると昼間が高温になるため、夜間が低温であっても花芽形成を遅らせることができます。

採種のため、あるいはブロッコリーなどの花らい形成の促進のために、花芽の形成を早めたい場合は品種を選ぶだけでなく、低温にあたるように播種時期を選ぶことが大事で、そうした低温にあてる処理、低温処理も有効になります。

一方、レタスは25℃以上の高温に一

定期間あたると、花芽ができます。花芽ができてはまずいレタスですから、高温期の栽培は高冷地に限られ、暖地などでは栽培地ごとに適した品種を選択し、種時期を守ることが重要になります。

その3　栄養条件（栄養）

ナスやトマトではある程度生育すれば、温度や日長にかかわりなく、花芽を形成します。この型の野菜の花芽形成を促進するには、植物体内のチッソ成分に対する炭水化物の割合（C/N率）を大きくしてやることが有効です。

イチゴをポットで育苗すると、苗床育苗に比べてC/N率のコントロールが容易で、病気の伝染も防げるため、近年ではほとんどがポット育苗となっています。

Q 6-9　花芽の素質はなぜ大事？

A 花芽ができてもそのときの環境によって花器、とくに雌しべや雄しべの発達が影響を受けます。

がくや花弁、雄しべの数、雌しべをつくる心皮の数は決まっていて、だいたい3～5枚です。トマトではがく、花弁と雄ずいの数はいずれも5で、雌しべも5枚の心皮からできています。しかし、花芽形成が低温で促進されると、たくさんの心皮からなる子房ができます。こうなると、その後それらの心皮がそろって発達しないことがあるため、乱形果などの奇形果になってしまうのです。

ナスなどでは花芽形成時の栄養状態や環境条件がよくない場合は、花柱の短い短花柱花になり（**図6-8の右**）、たとえ正常な花（長花柱花）の花を受粉しても落果しやすくなります。また、一般に花芽形成までの環境条件や栄養

図6-8　ナスの長花柱花、中花柱花と短花柱花（左から順に）
長花柱花なら受粉・受精がうまくいって果実ができる

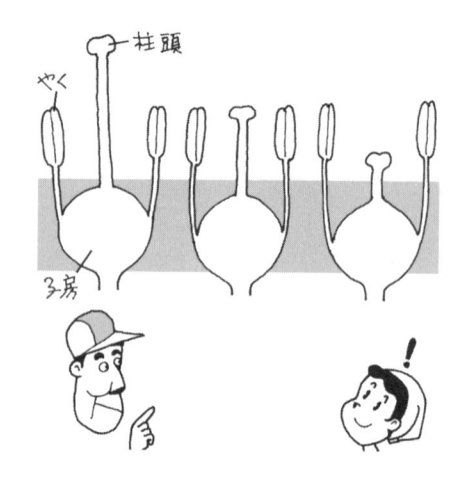

6章 花芽形成 — 花の素質と受精のしくみ

状態が悪いと、子房の細胞分裂が早く停止して、細胞数が通常より少なくなるため、いくら細胞肥大がよくても大きな果実にはなれません。栄養状態と環境条件をよくし、素質のよい花をつけることが何よりも大事なのです。

Q 6-10 花芽ができるときに影響しあう環境条件とは？

A 花芽は、Q6-8で紹介したように、低温が作用する春化反応と日長が関係する光周性反応とによって形成されますが、これらは別々に働くのではなく、どうも相互に関係しているようです。

たとえばブロッコリーの場合、早生品種では気温が上昇する初夏でも花らいができるため、低温要求性はないと思われたこともありました。しかし低温が必要ないのではなく、どうやらそのときの日長が長日条件であったため（図6-9）、花芽ができたと考えられます。つまり、長日条件であれば花芽ができる低温の範囲が広がるということです。この性質は、温度と日長の相乗作用と呼ばれており（次ページの図6-10）、ほかの植物についても知られています。

このように温度と光はともに関係しあって反応を進め、花芽が形成されているものと思われます。植物は温度あるいは光条件が不十分であっても、その足りない条件をほかの要因から流用して、花芽をつくると考えたほうがよさそうです。

図6-9 温度と日長の月別変化

気温の上昇・降下は、海や陸地の影響を受けるため、日長の変化より遅れる

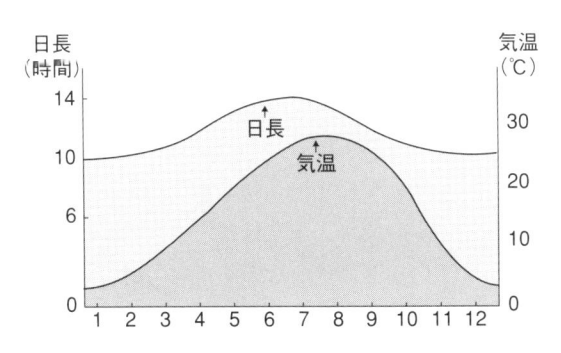

図6-10　ブロッコリーの花らい形成に及ぼす温度と日長の影響

15℃・長日（●印）では、15℃・短日（○印）より1週間早くどの品種についても花芽ができており、20℃では長日（▲印）でだけ花芽ができている。花芽ができるのは花芽発育段階2にあたる。（花芽発達段階の<u>0</u>は未分化、<u>1</u>は膨大期で<u>2</u>が花芽形成期で、<u>3～8</u>は花芽の発達期）

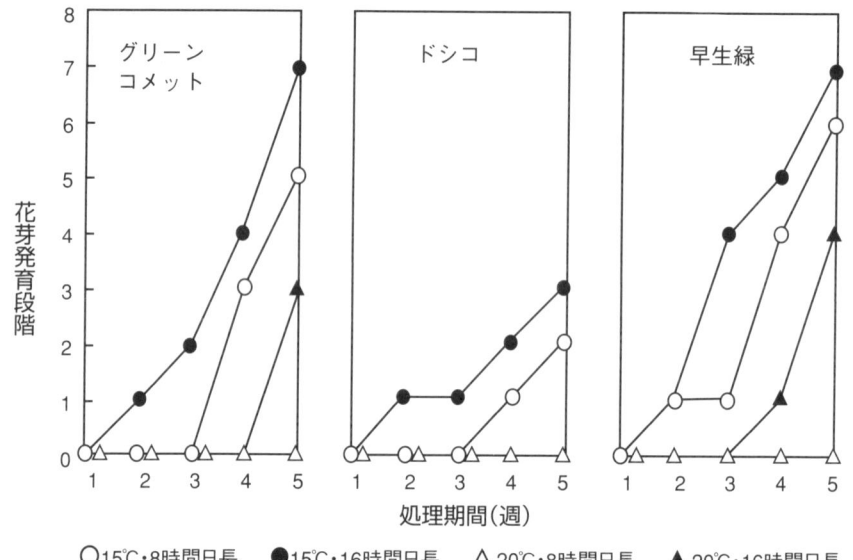

（縦軸：花芽発育段階、横軸：処理期間（週））

○ 15℃・8時間日長　　● 15℃・16時間日長　　△ 20℃・8時間日長　　▲ 20℃・16時間日長

Q 6-11　低温や長日下で花芽ができるときの生体内の変化は？

A　花芽形成は低温や日長などを好適にすることで誘導されますが、そのしくみじたいはまだよくわかっていません。ただ、日長処理をすればフロリゲン、低温処理をするとバーナリンと呼ばれる開花ホルモンができ、それらが茎の中を移動して花芽をつくるということはわかっています。そのことは、開花している植物を台木に、まだ花芽が誘導されていない植物を接ぎ木すると、穂木に花芽ができることからも確かめられています（図6-11）。

しかも驚いたことに、ちがう種類の植物間でもこの開花ホルモンは移動できるのです。その移動速度もわかっていますが、物質の化学構造などはまだよく解明されていません。花芽を形成する遺伝子はわかってきているのですが、その作用を調節するしくみが不明なのです。ただ日長処理や温度処理といった物理的な方法には応用されています。この化学的構造がわかれば花咲

か爺さんのように、枯れ木に花を咲かせることができるのですが…。

それでも、植物ホルモンのいくつかを用いれば、花芽形成を遅らせたり、促進させたりすることは可能です。

たとえば低温要求をもつ植物、あるいは長日植物、たとえばセルリー、タマネギ、ニンジンなどは、ジベレリンを処理すると花芽ができます。ジベレリンと反対の作用をもつグロースリターダント（わい化剤とも呼ばれ、たとえばSADHやCCCなど）を処理すると、花芽はできなくなるのです。詳しくはまた10章で説明しますが、こうしたことはすでに実用段階になっています。

しかし、これら温度や日長が作用して花芽ができ、そして発達する際には、植物体の生育程度、とくに茎葉や根の生長程度も関係します。茎頂に花芽ができるには、葉に受ける日長刺激だけでなく、茎や根でできる物質の生産が重要な役割を果たしているのです。このことは忘れてはいけません。

図6-11　開花ホルモンの移動
花芽のできた植物の基部を台木として、花芽ができていない植物の茎頂を穂木として接ぎ木すると、誘導条件下でなくても開花する

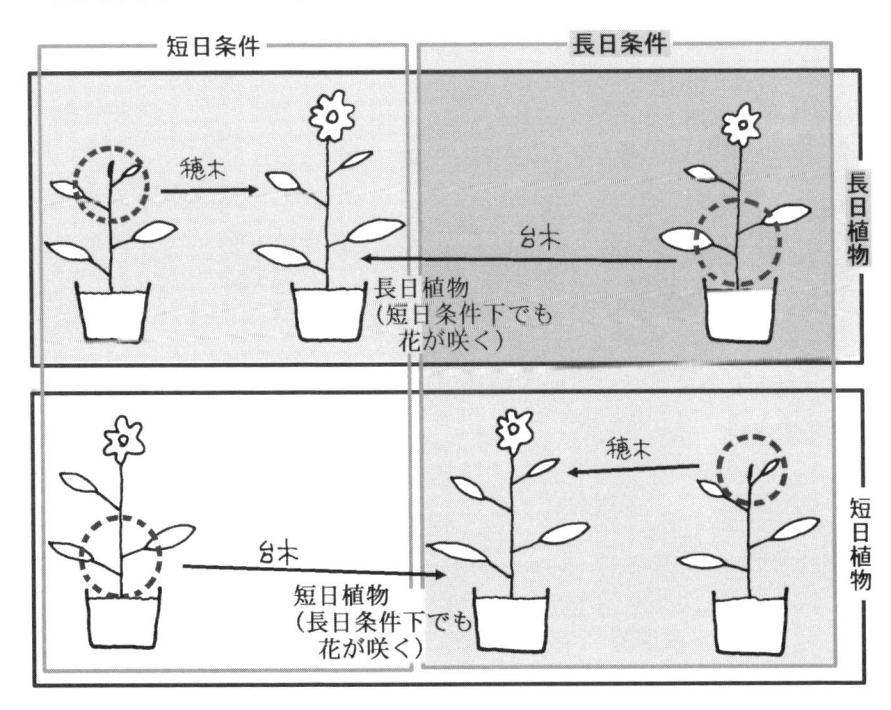

Q 6-12 イチゴハウスで夜間に電灯照明をするのはなぜ？

A イチゴは日長が12時間以下の短日・17℃の低温で花芽を形成し、その後はむしろ温暖で長日の条件で発育が進みます。この反応を利用したのが、8月中旬ころに標高800～1000mの畑に苗を植え付け、花芽形成を促進させる、山上げ育苗法です。光を通さない資材で遮蔽して日長を短くする短日処理も、花芽形成を促進するのに有効です。また、鉢植えで育苗し、根の生長を制限して、栄養生長を抑えて花芽形成を促進するポット育苗法もあります。

これらの反応を示すイチゴは一季成りと呼ばれる系統で、四季成りではこの反応をしません。一季成りのイチゴは典型的な短日植物ですが、この日長反応には、Q6-10で述べたように温度条件との相互作用が見られ、15℃以下では日長に関わらず花芽を形成し、25℃以上では日長に関わらず花芽を形成しません。しかし、15～25℃では短日下でだけ花芽を形成するのです（表6-3）。

花芽を早くつけるには、基本的には短日処理をします。ただ、収穫期が重ならないよう、花芽形成を調節して遅らせることも必要で、そのためにイチゴのハウスでは夜間に電灯を照明して長日処理を行ないます。日没少し前から始めて14～16時間くらいの長日にします。しかし実用的には、光中断と呼ばれる方法のほうが電力のロスも少なく経済的です。前述のように、真夜中に30分程度照明して、夜間の暗期を中断してやることで花芽形成を抑えるやり方です。これは花芽形成の準備が夜の長い暗期中に進むのを阻害することを狙ったものです。

表6-3 '宝交早生' イチゴの出らい・開花に及ぼす温度と日長の影響

	生育温度 ℃	日　長	
		短日（10H）	長日（16H）
z；＋出らい・開花あり	15	＋^{z}（12/12）^{y}	＋（12/12）
－出らい・開花なし	20	＋（12/12）	－（2/12）
y；分母は供試個体数、	25	＋（8/12）	－
分子は形成個体数	30	－	－

Q 6-13 植物はどの部分で低温を感じるのか？

A 植物が低温にあたって花芽を形成できるようになる時期は、種類によって異なります。ハクサイやダイコンでは、発芽を始めた種子でも低温に反応できます（58ページ表6-2）。一方、キャベツやタマネギではある程度生長してからでないと、低温にあたっても花芽はできません。

このいずれの型の植物も、低温を感じるのは茎頂にある頂端分裂組織（生長点）と考えられてきました。しかし、低温の刺激を受け取って花芽を形成するには、盛んに細胞分裂をしている機能が重要だと、その後わかってきました。たとえば、生長点のない組織を切り取って試験管などで培養します。図6-12は、花（ルナリア）の葉柄の一部を切り取って培養した例ですが、この

図6-12 組織培養したルナリア（*Lunaria annua*）のバーナリゼーション（春化）（Pierik、1967）
花のルナリアの葉柄を切り取って培養すると、切り口から細胞が分裂し、低温刺激に反応する

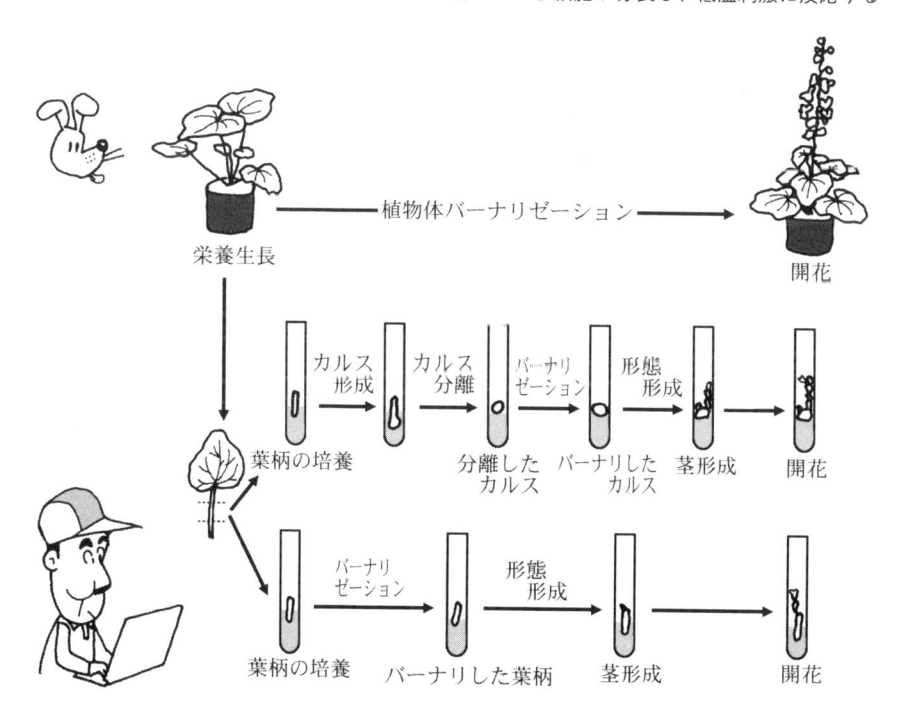

ような盛んに細胞分裂をしている組織であれば、試験管で低温を与えても花芽を形成します。つまり、低温の刺激を受けているのは、茎頂やわき芽など細胞分裂をしているところだというわけです。

しかし、刺激を受けるところと花芽が形成される反応がおこるところとが同じであるため、低温によって花芽ができる機構の解明はなかなか困難です。

Q 6-14 日の長さを感じるのはどの部分？

A 低温を感受しているのは茎頂やわき芽など細胞分裂が盛んなところでした。では、日の長さはどうでしょう。実は、植物は日の長さ（日長）を葉で感じています。葉の齢によってその感度は異なり、展開直後の若い葉がもっとも敏感なようです。花芽の形成に好適な日長条件でもそれを感じるだけの十分な葉がなければ、反応は遅れるというわけです。たとえば、ブロッコリーは低温で花芽ができますが、長日条件下でさらに促進されます。しかしその葉をアルミフォイルなどで覆うと、この作用はなくなってしまいます。

一方、植物の葉はどれくらいの明るさの光を刺激として受け取っているでしょうか。

光合成とは異なり、日長反応では光の明るさはそれほど重要でなく、満月などの弱光にも感応して、長日効果を生むとされています。電灯照明で長日効果を生むためには20lx以上の照度であれば十分です。これは具体的には4 m^2 あたり100 w の白熱電灯を1個、1 m の高さから点灯した明るさです。

なお、光の波長も影響するので、暗期（光）中断する際は赤色光（660nm）など波長を変えてやると効果的です。

Q 6-15 そもそも花はなぜ咲くのか？

A 野菜の花は、残念ながら人間のために咲くのではありません。キュウリやトマトなど1・2年草の花は、自分の子孫を残すために花を咲かせます。花が咲いた後にできる種子によって、たくさんの子孫を殖やす

ことができます（種子繁殖、**表6-4**）。

しかし、イチゴやサトイモなどの宿根草では、育種を除いて種子ではなく、ランナーとか球茎などの栄養繁殖によって殖やしています。

表6-4　繁殖による野菜の分類（井上、1967を修正）

栄養繁殖	主として自家受粉 （他家受粉０〜５％）	ある程度他家受粉 （他家受粉５〜90％）	ほとんど他家受粉 （他家受粉90％〜）
イチゴ	インゲン	ナス	ダイコン
サトイモ	エンドウ	トウガラシ類	カブ類
ワサビ	ダイズ	ウリ類	キャベツ類
フキ	ラッカセイ	セルリー	ネギ類
タケノコ	トマト	ソラマメ	ゴボウ
ヤマノイモ	レタス		ニンジン
ネギ			タマネギ
ショウガ			トウモロコシ
クワイ			
セリ			
ミョウガ			
ウド			

7章

雌雄の発現 — 植物の♂♀のちがい

Q 7-1 植物にも動物のような雌雄の区別がある？

A 植物には、株ごとで雌雄のどちらかに分かれる種類（雌雄異株）と、同じ一つの株で雌花と雄花をつける種類（雌雄同株）とがあります。

表7-1に示したように、雌雄異株の例としてアスパラガス、フキ、ホウレンソウ、サンショウ、ソレル、ローリエ（ゲッケイジュ）などがあり、それぞれ雄株と雌株に分かれます。雄株には雄花だけが、雌株には雌花だけがつきます。雌雄同株の代表的な野菜にはウリ類があり、雄花と雌花の両方がつきます（図7-1、7-2）。

雌雄異株の植物では種子をつくるのに、雄株と雌株が必要になります。一方、雌雄同株では1株だけでも種子ができるはずですが、実際には雄しべと雌しべの成熟時期が同じでないため、数株を栽培することが必要になります。

ある植物（アサ、アスパラガス）では性染色体をもち、動物と同じようにX染色体やY染色体に似た役割を演じていると考えられています。しかし、性染色体をもつ植物はそう多く発見されてはいません。

栽培植物の多くは、雄しべと雌しべの両方をもつ両性花をつけます。しかし、なかにはトウモロコシや先に述べたウリ科野菜のように、同一株に単性花である雌花と雄花、あるいは両性花

表7-1 野菜・ハーブの雌雄性

雌雄性	作物名
雌雄異株	アスパラガス、フキ、ホウレンソウ、サンショウ、ソレル、ローリエ（ゲッケイジュ）
雌雄同株	ウリ類（キュウリ、スイカ、メロン、カボチャなど）、トウモロコシ

が分かれて着生する雌雄同株があります。トウモロコシでは茎の先端部に雄花がつき、雌花はわき芽につきます。ウリ科では茎の基部には雄花がつきやすく、上に向かうほど雌花がつきやすくなります。

雌雄同株では雄花と雌花の両方がつき、雄花では雄しべだけで、雌しべはありません。

図7-1 雄花、雌花と両性花

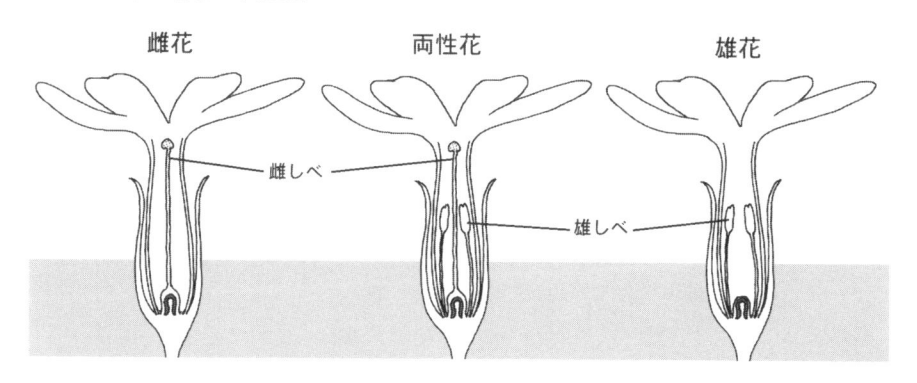

雌花　　　両性花　　　雄花

雌しべ

雄しべ

図7-2 雄花、雌花と両性花
雌雄別々の花をつけるホウレンソウと、両方の花をつけるキュウリ　　　（タキイ種苗㈱提供）

→キュウリの両性花の果実

↑ホウレンソウの花（雄花）

↑ホウレンソウの花（雌花）。ホウレンソウは雌雄異株の植物で、一つの株に雄花だけ、あるいは雌花だけを咲かせる

69

Q 7-2 イチゴの花は両性花、それとも雌花？

A ナスやメロンの花は一つずつつきますが、イチゴ、シュンギクやトマトではいくつかの花が集まった花序（花房）をつけます。さらにトマトでは両性花が一つずつついていますが、イチゴ、シュンギクでは集合花と呼ばれる花をつくります。イチゴの場合には、花序の基部に何本かの雄しべがつき、それより上の円錐形に盛り上がった花床にたくさんの雌しべがついています（図7-3）。

最近の大果型の品種では、花床の先端の雌ずいが受精するまでに、雄しべの花粉がなくなってしまうことがあります。すると、先端部では受精不十分となって種子（痩果）ができず、その部分が赤く色づかずに先白果になります。したがって、先端部まで赤くするためには、多少成熟程度のちがう花がたくさん必要になります。

シュンギクでは、花弁のように見えるのは舌状花と呼ばれる雌花で、中央部にあるへそのようなところには両性花である筒状花がつきます（図7-4）。

図7-3 イチゴの花
イチゴでは花弁、雄しべと雌しべがそれぞれ集まってつく

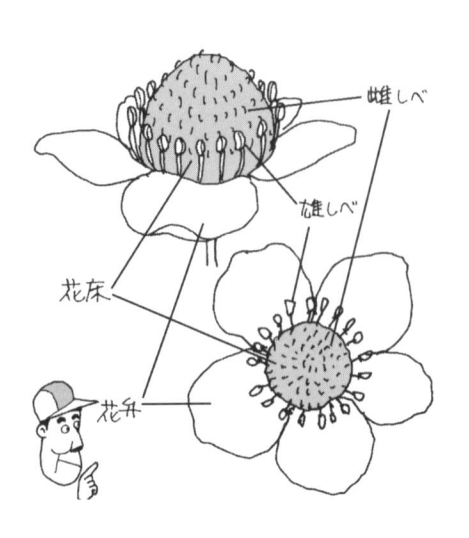

図7-4 シュンギクの花
シュンギクでは舌状花で昆虫を誘引し、筒状花で受粉させる

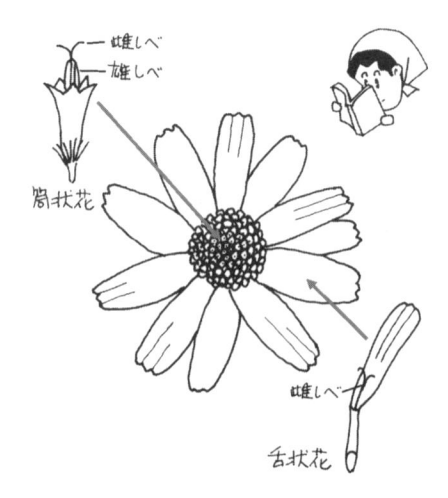

Q 7-3 アスパラガスは雌株より雄株のほうが有利と聞いたが、本当？

A アスパラガスは種子をまくと、雌株と雄株が半分ずつ出てきます。種子をまいて2～3年目から、春先に萌芽してくるスペアと呼ばれる若い茎を収穫できるようになります（図7-5）。大株になると、秋にも萌芽してくることがあります。

栽培条件にもよりますが、一般に雌株では太い茎は出ても、雄株に比べて本数は少ないようです（表7-2）。これは、雌株では花が咲き実がつくため、余分に栄養分が使われているからともいえます。一方、雄株では適度の太さで多くの茎が出てくるため、雌株より有利です。そこで今日では雄株が選択的に植えられています。花が咲いて雌雄性がわかった株の中から、生育の旺盛な雄株を選び、それを組織培養で増殖して用いているのです。

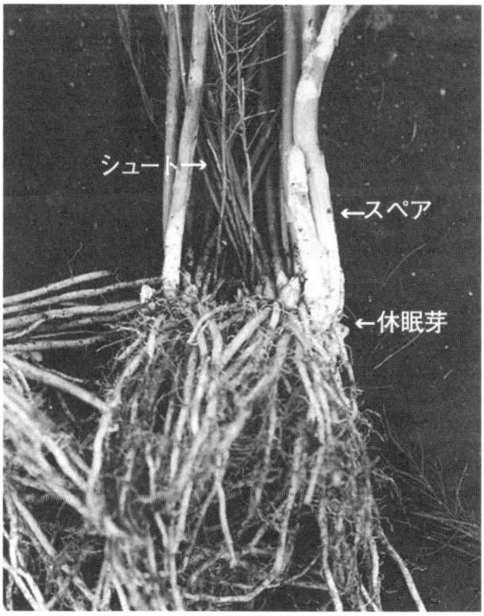

図7-5 アスパラガス（2年生）の株元
アスパラガスの芽は萌芽してスペアとなり、収穫される。スペアの基部にできる芽は低温期になると休眠して萌芽しなくなる

表7-2 雌株と雄株での収量性（10株あたりの平均）（池内・小早川、1999）
雌株のスペアは少ないが太く、雄株のスペアは中くらいの太さで多い

株年・収穫期	株	LL g	L g	M g	S g	良 g	計 本	計 g	平均一茎重 g	秀品率 %
1年生・春芽	雌	665	2,129	384	127	260	146	3,565	24.4	93
	雄	225	2,142	398	60	248	144	3,073	21.3	92
		n.s.	n.s.	n.s.	n.s.	n.s.	n.s.	n.s.	n.s.	—
1年生・夏秋芽	雌	270	3,523	1,528	349	2,061	406	7,731	19.0	73
	雄	46	2,569	1,984	491	1,836	463	6,926	15.0	73
		n.s.	n.s.	n.s.	n.s.	n.s.	*	n.s.	*	—
2年生・春芽	雌	1,762	1,685	481	136	73	174	4,137	23.8	98
	雄	487	1,720	819	126	201	189	3,353	17.7	94
		n.s.	n.s.	**	n.s.	n.s.	*	*	*	—

注）t検定で、**と*は、有意水準がそれぞれ5％と10％、n.s.は有意差なし

Q 7-4 フキやホウレンソウも雌雄性で生育に差が出る？

A フキやホウレンソウなどは、栽培する際、とくに雌雄性を意識していないと思います。

フキは日本原産の野菜で、日本各地で自生していたものから品質のよいものが選択され、栽培が広がってきました。たとえば'愛知早生フキ'などがその代表で、これはすべてが雌株で種子ができないため、株分けで増殖しています。山野に自生しているフキには白色の花（正確には花序）をつける雌株と、黄白色の花をつける雄株が1対1の割合になっています。どちらの株からでも、フキノトウが春先に伸び出してきます。

ホウレンソウでも花（これも花序）が咲くまでに、雄雌性のあることに気がつかないでしょう。雄株では雌株より早く茎の先端に花（花序）をつけますが、雌株ではわき芽につけます。雄株は雌株より抽だい・開花は早いようです。

ホウレンソウには東洋系と西洋系があり、日本料理には歯切れがよく、淡泊な味の東洋系が好まれます。しかし、東洋系は抽だいしやすく、抽だいの遅い西洋系との交配種が今日では多く栽培されています。

もう一言

野菜の東洋系と西洋系

ホウレンソウの西洋系と東洋系には、本文でふれた以外にも異なる点があり、西洋系は葉が丸く肉厚でアクが強い傾向があるのに対して、東洋系は葉に切れ込みあり、先端がとがっています。どちらも長日植物ですが、西洋系のほうがその要求量が多いようです。

ニンジンも西洋系と東洋系のある野菜です。根色が前者はだいだい色、後者は鮮紅色です。西洋系のほうが抽だいしにくい性質があります。

これらの西洋系の特徴は、日本に比べて寒さがきびしく、高緯度で日長変化の大きい地域で育ってきたためと考えられます。

7章 雌雄の発現 — 植物の♂♀のちがい

Q 7-5 雌雄同株のウリ類の花のつき方は？

A　ウリ類の主要野菜として、キュウリ、スイカ、カボチャ、メロンがありますが、先に述べたようにこれらはいずれも雌雄同株です。ウリ類では雄花・雌花と両性花がつき、そのつき方は遺伝的にだいたい決まっていますが、環境条件や生育の進み方(齢の影響)によっても変わってきます。

たとえば図7-6は洋種カボチャの例ですが、下位節にはまず雄花がつき、上の節が伸びるにしたがい雌花がつくようになり、最終的には花粉がなくても果実をつける単為結果性の雌花がつくことを示しています。つまり株全体として上の節になるほど雌花がつきやすい、雌性化の傾向を洋種カボチャはもっているということです。環境条件は、この雌性化を早めたり、遅らせたりしているようです。そこで早く花芽をつけるには、育苗や次項に述べる整枝方法が重要になってきます。

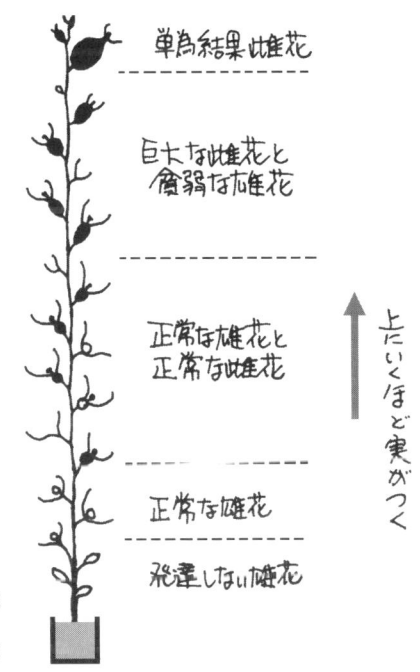

図7-6　洋種カボチャの雌雄性
(ニッチら、1952)
8時間照明、日中23℃、夜間17℃

（図中：単為結果性雌花／巨大な雌花と衰弱な雄花／正常な雄花と正常な雌花／正常な雄花／発達しない雄花／上にいくほど実がつく）

Q 7-6 ウリ類で行なう摘心や整枝の意味は？

A　ウリ類ではよく摘心をして整枝をします。これは植物に十分生長をした、つまり齢が進んだと思わせるためであり、別のいい方をすれば、体内のホルモンのバランスを変えてやっていることになります。

ウリ類では花はわき芽としてつきますが、これらわき芽の生長は茎の先端（頂芽）の働きによって強くコントロールされています。これを頂芽優勢といいます。さらに頂芽は、体内のホルモンの生産・移動もコントロールしています。この頂芽を除いてやる、つまり摘心してやれば頂芽優勢が破れ、主茎のわき芽が発達しやすくなります。そうして伸びた子づる（第1次分枝）の先端をさらに摘心してやると、今度は孫づる（第2次分枝）が伸びてきます。このようにすると、子づるや孫づるのわき芽は、主茎のはるか上の節と同じような状態となり、低節位でも雌花がつきやすくなるのです。

カボチャでは子づるを約4本伸ばして、その第6～8節に果実をつけるのが一般的です（図7-7）。

図7-7　カボチャの整枝
早く果実を成らせるのに摘心が必要になる。カボチャでは子づるを4本伸ばすのが、一般的

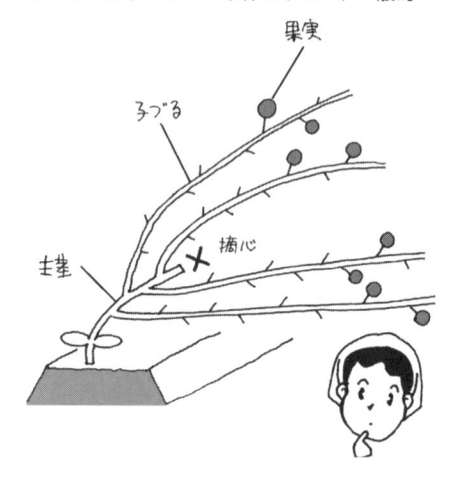

Q 7-7 整枝方法はキュウリとスイカで同じでもよい？

A キュウリでは育種が進み、雌花を連続してつける雌性型や、雌花と雄花を混在してつける混成雌性型などがあります。節成りと呼ばれる連続して雌花をつける系統や、雌花が飛びとびにつく、飛び節系統もあります。一般的な整枝方法として、施設内などでは摘心垂直仕立てがとられています（図7-8）。主茎は第22～25節で摘心し、第6～20節までの子づるは第1節か2節で摘心します。しかし発根が遅いときに摘心をすると、根に負担がかかって生育障害が出たりします。その場合は、生育旺盛な側枝を2～3本残してやると障害は回避されます。

マクワ型のメロンでは、主茎と子づるに雌花はつきにくいのがふつうです。そこで、主茎を早めに本葉4枚を残して摘心し、子づるを3本くらい伸ばします（図7-9）。子づるは第13節くらいで摘心すると、第9～12節から出た孫づるに、雌花が安定してつくよう

7章 雌雄の発現 ― 植物の♂♀のちがい

になります。

スイカでは通常第6節で主茎を摘心し、生育がそろった旺盛な子づるを3～4本伸ばします（図7-10）。子づるはさらに第18～20節くらいで摘心し、着果を安定させます。

最近、よく見かけるようになったニガウリも、定植直後は雌花がつきませんが、生育が旺盛になってくればつくようになります。まだ整枝方法が確立していないためで、整枝すればもっと早く、低節位からついていくと思います。

なお、4章の「根の生長」のところで説明しましたが、ウリ科作物の根は浅根性のひげ根で、乾燥の害がでやすく、再生しにくいという性質があります。そこで、株元を歩いたり、乾燥させたり排水不良をおこしたりして根を傷めない注意が必要です。

図7-8 キュウリの整枝方法（例）

主枝は第22～25節で摘心。
発根が遅い場合は、側枝を2～3本残すようにする。
6～20節までの子づるは1～2節で摘心。
6～7節（主枝30cm程度）までの子づると雌花は除去する。

図7-10 スイカの整枝方法（例）

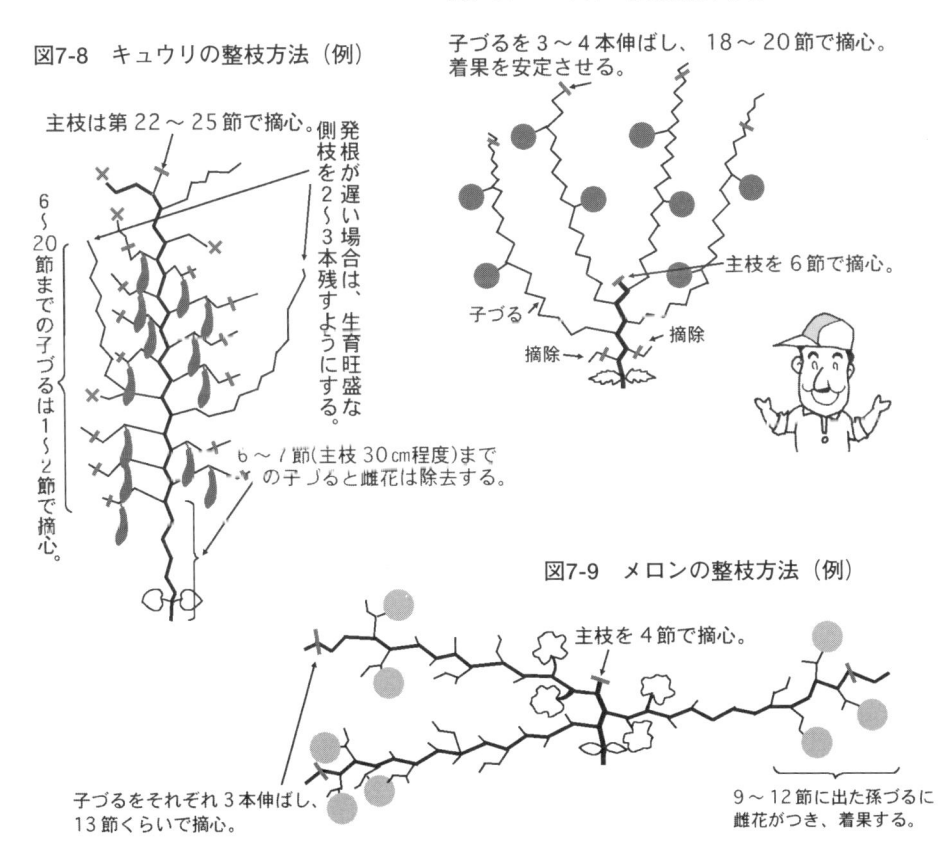

子づるを3～4本伸ばし、18～20節で摘心。着果を安定させる。
主枝を6節で摘心。
子づる
摘除

図7-9 メロンの整枝方法（例）

主枝を4節で摘心。
子づるをそれぞれ3本伸ばし、13節くらいで摘心。
9～12節に出た孫づるに雌花がつき、着果する。

Q 7-8 トウモロコシ1株ではよく実を結ばないのは、なぜ？

A トウモロコシは雌雄同株ですが、雄花（雄性小穂）は茎の先端につき、雌花（雌性小穂）は葉のつけ根のわき芽部につきます。トウモロコシの穂を収穫するとき、その先端に茶褐色のひげ状のものが見えますが、これは雌しべの花柱です。トウモロコシは風媒花で、雄花から花粉が風で運ばれてくるのを多く集めるため、花柱があのように長くなっています（図7-11）。

しかしこの雌花の成熟は、雄花より5日ほど遅れます。自分の雄花からは受精できません。トウモロコシが安定して受粉・受精するには、数株が必要だというわけです。

なおトウモロコシには1株に雌花はたくさんできますが、1株2穂どりの品種以外では良品はとれませんので、穂が10cmくらいになったときに良質の1本を残し、ほかはベビーコーンとして利用するのがいいようです。

図7-11 トウモロコシの花穂

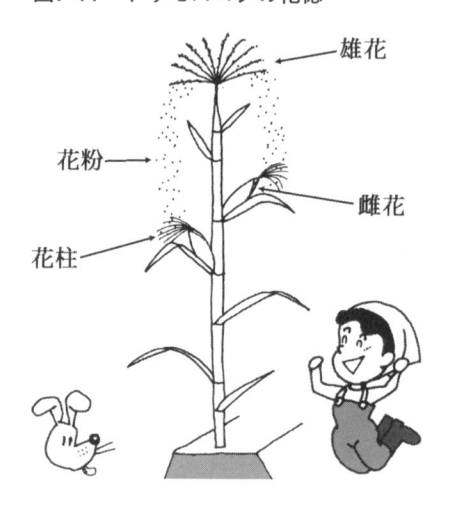

Q 7-9 ウリ類の雌花はいつできる？ どんな環境の影響をうける？

A 一般にウリ類の花芽は、短日・低温条件で形成が促進されます。また育苗中に、かなり上の節位の花芽まで分化しています。カボチャなどは3月ころの低温期に育苗されるので、低温には十分にあたっていますが、日長は春分を境にどんどん長くなっていきます。そこで、育苗中、最低夜温の確保を兼ねて夕方から早めにシルバーポリトウなど被覆資材で覆って短日条件にしてやると、花芽形成が促進させることができます。

育苗温度としては発芽後本葉2～3枚ころより、昼間は18～22℃で、夜間は8～12℃でと、変温管理するとよいでしょう。

もう一言

花ザンショウと実ザンショウ、サンショウにもある雌雄の別

ウナギの蒲焼きやお吸い物など、日本料理にアクセントをつけるサンショウは、なくてはならない日本原産の野菜です。実をつけるのは雌株だけですが、新芽は木の芽として、また黄色い花は花ザンショウとして用いますので、雄株ももちろん利用しています。一方、雌株からは結実した青い果実を、青ザンショウと呼んで利用します。また、果皮は香りつけとして七味に用いられています。

採種した種子は乾燥に弱いので、床下や冷暗所に貯蔵します。また、サンショウは連作を嫌うため、植える場合には注意が必要になります。

8章 開花・結実
── 果実のなるしくみと果菜類

Q 8-1 花のどこが果実になる？

A　花が咲いて受粉・受精が行なわれると、胚珠は種子に、子房は果実になります（図8-1）。果実肥大には種子が重要で、種子が多いほど果実は大きくなって、内容も充実します。

トマトには従来の普通トマトと、消費が拡大してきた小型のミニトマトがあります。原産地はともに南米アンデスで、ミニトマトから現在のトマトができました。果実が大型化するには、子房を構成している心皮数がふえる必要があるのですが、これらのトマトを比較してみるとそのことがよくわかります。ミニトマトを横に切ってみると、2枚の心皮からなる2子室がありますが、普通トマトでは5～8子室となっ

図8-1　花と果実の比較
胚珠は種子に、子房は果実になる

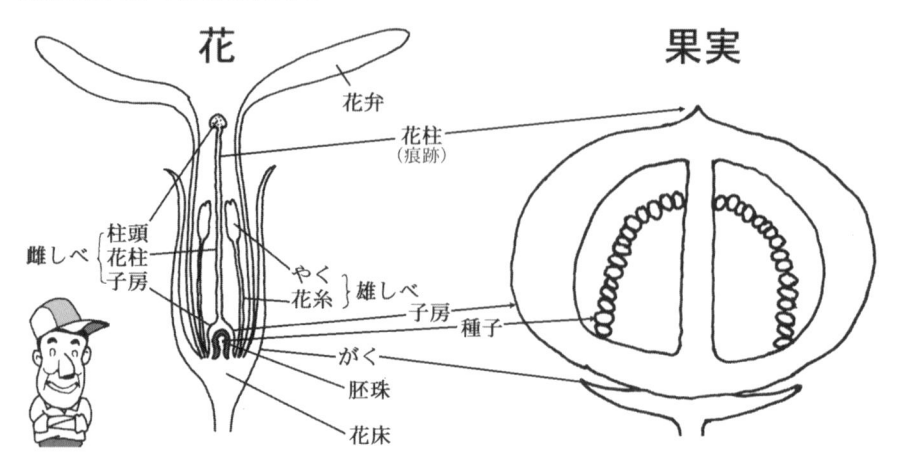

ており（図8-2）、果実が大きくなるほど心皮数が増加しています。

ピーマンやオクラでも花弁数はふつう5枚か6枚ですが、大果型では6〜8枚と増えています。

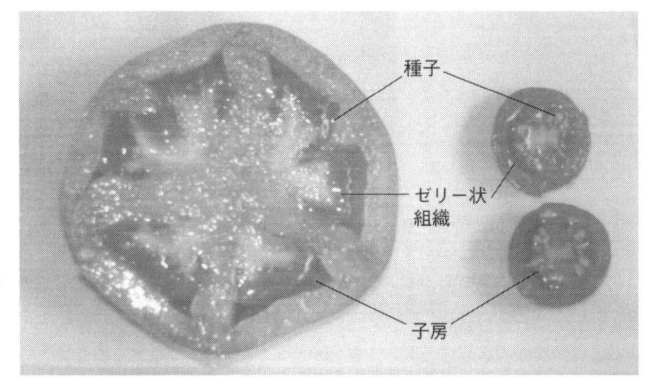

図8-2　トマト果実の大きさと子室数
左：普通トマト（6子室）
右：ミニトマト（2子室）

Q 8-2　果実ができるそのしくみは？

A 雄しべの花粉が雌しべの柱頭に運ばれて受粉し、その後受精して果実ができます。多くの花粉が受粉するほど、受精も促進されます。受粉から受精までには数〜24時間くらいかかり、その間に雨が降ったり温度が急変したりすると、受精は抑制されます。スイカでは早朝に受粉・受精がおこりますが、受粉後4時間以内に雨が降ると、受精は阻害されます。

ナスなどでは、栄養状態が悪いと花柱の短い短花柱花（60ページ図6-8参照）ができ、受精不良で落花してしまいます。花の基部には蔕とも呼ばれる萼があり（図8-1参照）、光合成を行なったり、養分を一時的に蓄えたり、また幼果の保護的役割を果たしています。

Q 8-3　人工受粉はどんなときに必要か？

A 野菜の多くは、昆虫による虫媒で受粉が行なわれます（Q6-4参照）。高温期のトマトやナスに人工受粉は不要ですが、低温期には花粉の

飛散が悪く、バイブレーション（振動）で飛散を助けてやります。あるいは、虫がいないため人工受粉してやるか、ホルモン処理が必要になります。

花粉は葯が裂開して飛散しますが、その開き方は種類によって異なります。トマトとトウガラシの葯は縦裂しますが、ナスの場合は先端部が開きます（表8-1）。

イチゴではハウスにミツバチやハナアブを入れて、受粉させています。ウリ類は花の数が少なく、また早朝に開葯してその寿命も短いため、人工受粉をしてやります。

表8-1　開花、開葯と受粉特性

種類	開花と開葯	花の寿命	開葯の形態	受精	受粉
ナス科（ナス、トマト、トウガラシ）	同時期	3～4日	トマト、トウガラシ：縦裂 ナス：先端部が開孔	トウガラシ：雄ずい先熟	虫媒
ウリ科（カボチャ、スイカ、メロン、キュウリ）	同時期、早朝	きわめて短命 数時間	縦裂	両性花と雌性花	人工受粉
イチゴ	開花後に開葯（午前中）	3～4日	縦裂	集合果（花）	虫媒（ミツバチ）
マメ科	開花前に開葯、早朝	30～40日	竜骨弁と呼ばれる花弁の包まれた状態で、葯は縦裂	閉花受粉	閉花受粉

Q 8-4　すべての果実は子房が肥大してできる？

A ナス科のトマト、ピーマン、ナスは、子房の基部より下に花弁や雄しべがついている子房上位で（図8-3）、果実はこの子房が肥大してできる真果です。それに対し、ウリ科のメロン、スイカ、キュウリなどは、子房の基部より上側に花弁と雄しべが癒合してついた子房下位であり、果実は子房と花床がともに肥大してできる偽果です。

たとえば、イチゴの果実は表面にある小さな痩果（そうか）であって、肥大部分のほとんどは花床のため、偽果ということになります。

また、マメ類の莢は子房が肥大した真果です。その花は蝶形花と呼ばれ（図8-4）、竜骨弁中に雌しべと雄しべがあるため、開花までに自家受粉をします。

図8-3　左から子房上位、子房中位と子房下位の花

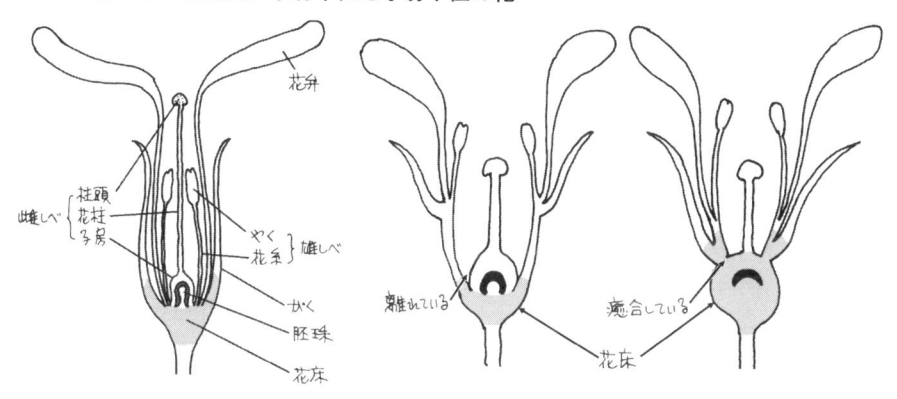

図8-4　ソラマメの蝶形花とその花器

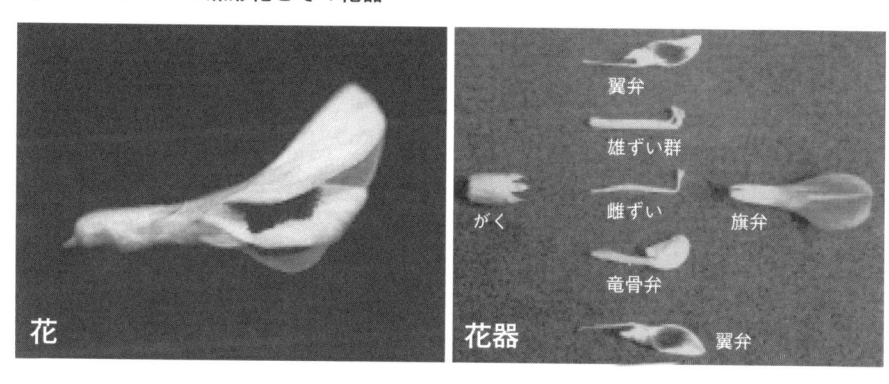

Q 8-5　ホルモン処理について教えて？

A　受粉・受精しないで果実ができることを、単為結果といいます。低温期にはナス科のトマトやナスがまれにそのままでも単為結果することがありますが、果実はほとんど肥大しません（表8-2）。トマトやナスの果

表8-2　自然にできる単為結果
トマトやナスはほとんど単為結果しないし、しても実用性はない。逆に、キュウリは単為結果が多い。

種　類	誘導条件・原因	実用程度
キュウリ	遺伝的に単為結果性が強い	○
トマト、ナス	低　温	ほとんど肥大しない
バナナ	3倍体	○
ミカン	受粉刺激	○高温では種子ができる

実は、ほとんどオーキシン（4-CPA）を処理して単為結果させています。

受粉・受精して種子ができると、オーキシンなどいくつかの植物ホルモンが生産され（図8-5）、それにより養分の流入が促進されて果実が肥大します。それと同時に、老化を促進する植物ホルモンが生産され、不要になった花弁や花柱を離脱させます。しかしオーキシン処理によって単為結果させた場合、老化を促進するホルモンは生産されないため、柱頭が残って先端がとがった果実になったり、また花弁が離れにくくなります。

なお、ホルモン処理は、以前は花を浸漬処理していましたが、いまでは小型噴霧器で花に吹き付けます。処理を重ねると果実が奇形になりやすいので、着色剤を入れて二度がけを防いでいます。

図8-5　着果にともなう植物ホルモン生産

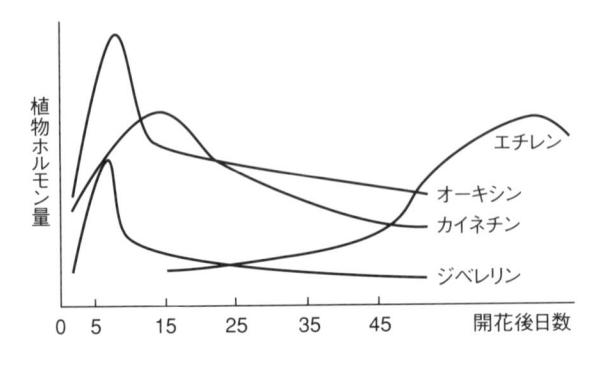

Q 8-6 収穫適期はどのように決める？

A 果実はまず縦方向に肥大し、次いで横方向に肥大します（図8-6）。もちろん、収穫するには肥大だけでなく、糖度などの増加も必要になります。スイカでは、開花後40～45日ころが収穫の目安になります。メロンの場合は着花後50日程度で収穫でき、つるのついていた尻部を軽く押してみて、やわらかくなっていればもう食べごろです。

それに対してキュウリやナスなどは未熟果で収穫し、その適期には幅があります。ただし、大雨が降るか、あるいは多めの灌水をした直後に収穫した

場合は、急激な吸水による裂果がおこりやすいため注意が必要です。

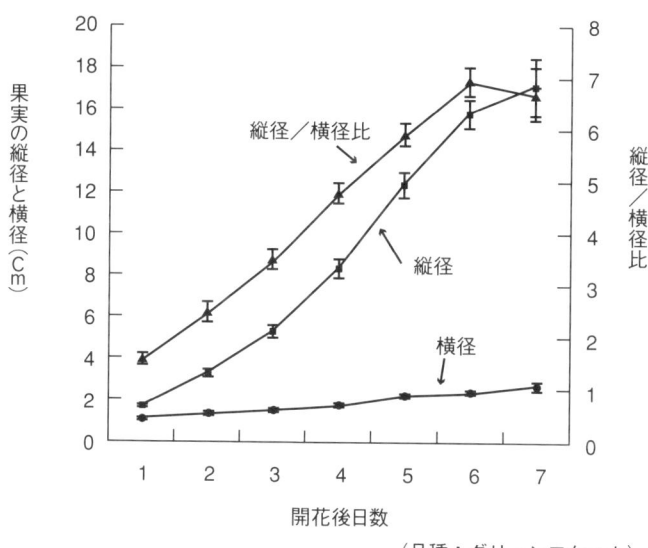

図8-6 オクラの果実肥大
最初、縦方向に、次いで横方向に肥大する。

（品種：グリーンロケット）

Q 8-7 ナス科野菜の仕立て方はどのように？

A トマトは3葉おきに、ナスでは2葉おきに花房がつき、トウガラシでは花芽の下から分枝して、その先端に花芽がつきます（図8-7）。トマトでは、各わき芽は早めに除いて1本仕立てにします。ナスやトウガラシでは3本仕立てにし、内側にできる芽は早めに取るようにします。また、ナスでは果実を収穫するたびに、果実の先端に芽を一つ残して、それより先を除きます（図8-9参照）。

秋ナスを収穫するには、低節位までせん定をして、夏の高温期には生育を休ませます。トマトでは最近、完熟型の桃太郎のような品種が好まれており、完熟して収穫されるミニトマトも増えてきています。ミニトマトの整枝はふつうのトマトと同様ですが、生育が旺盛で、わき芽が伸びやすいため、過繁茂にしない注意が必要です。

図8-7　ナス科野菜の着花習性

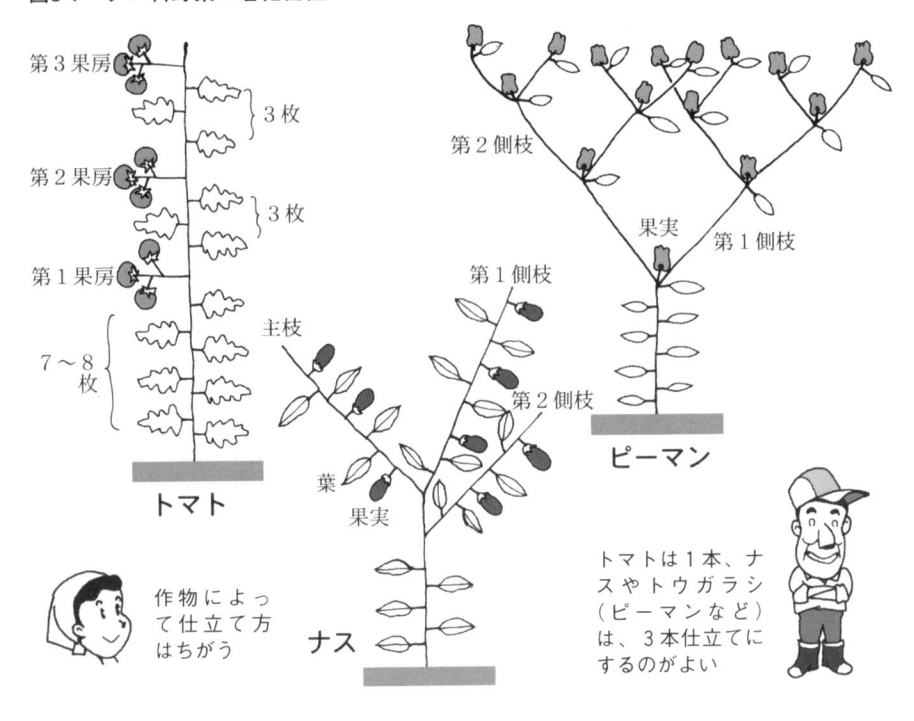

第3果房
3枚
第2果房
3枚
第1果房
7～8枚
トマト

第1側枝
主枝
葉
果実
第2側枝
ナス

第2側枝
果実
第1側枝
ピーマン

作物によって仕立て方はちがう

トマトは1本、ナスやトウガラシ（ピーマンなど）は、3本仕立てにするのがよい

Q 8-8　イチゴ苗は毎年植え替えなければいけない？

A 　梅雨のころ、収穫の終わったイチゴ株から多くのわき芽がランナーとなって伸びだし、2節ごとに子株をつけていきます（図8-8）。この子株を夏の間苗床に植えておき、秋に本葉が2～3枚になった幼苗を選び、定植します。最近では茎頂培養した無病苗が増殖されています。定植時にはランナー側を畦の内側にし、花や実が外側に出るように植えます。このような手間がかけられない場合は連作もできますが、収量は低下しやすくなります。

アスパラガス（10～15年）、アーチチョーク（3～5年）などでは、株の更新は毎年しません。ピーマンなども温度さえあれば生育できるため、労働力がない場合は株を更新せん定し、下から若い芽を出させて栽培することが可能です。

トマトでは3〜4段果房の低段どりもありますが、12段以上の長段取りも可能です。しかし、古い葉の摘葉やつる下げをこまめにするとともに、栽培環境をできるだけよくする必要があります。

図8-8　イチゴのランナーと子株
親株から最初に出た子株より、2、3番目の子株のほうが生育はよくそろう

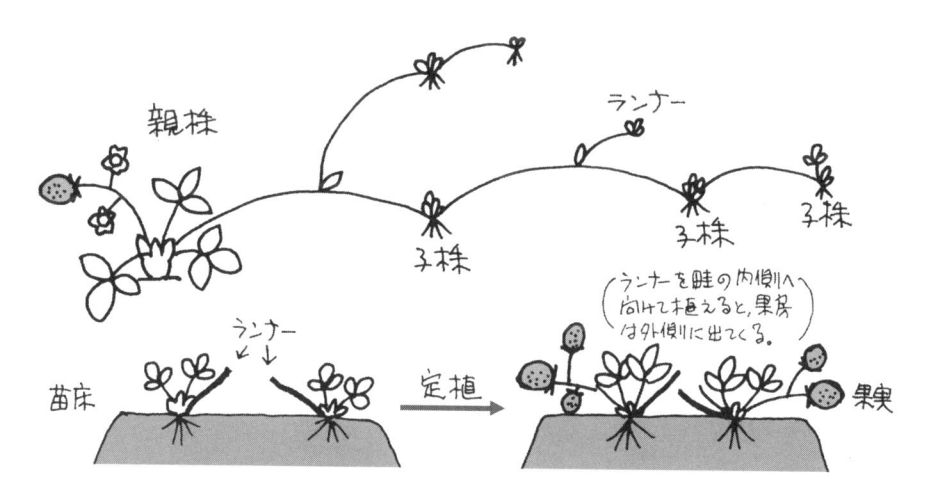

Q 8-9　果菜類の果実で発育異常がおこる条件は？

トマト、ナスなど果菜類の定植は、晩霜の害がなくなる5月の連休後に行なうのが無難です。なぜなら、苗は2〜3段花房まですでに分化しており、これらの花芽が低温にあたると奇形果になりやすいからです。また、早く着果したトウガラシなどの幼果でも、低温にあたると緑の果色が黒変する恐れがあります。

オーキシンで単為結果させたトマトは、生育環境がよくないと、とくにゼリー状組織の発達が不良な空洞果になりやすく、キュウリでは栄養状態が悪いと曲がり果になりやすく、乾燥したり老化した株ほどその発生が多くなります。

ナスの果実は鮮やかな紫色で、その光沢が重要なのですが、水分吸収が円滑にいかないと不透明になって、艶を失ってしまいます。

Q 8-10 トマトの奇形果、乱形果はなぜできる？

A　トマトの果実は、子房が肥大したものです。その子房は雌しべの心皮が、前にも説明したようにミニトマトで2枚、ふつうのトマトでは5枚集まってできています。トマトの花芽ができる適温は20℃くらいです。それより低いと花芽分化が異常になり、多くの心皮が分化して雌しべを形成するようになります。こうしてできた花芽は鬼花と呼ばれ、果実は6～8室以上の子室をもった乱形果になります。また、果皮の発達が乱れ、中身が外に露出した窓あき果など、種々の奇形果が発生します。

反対に花芽形成が高温の環境でなされると心皮などの分化が抑えられ、素質の悪い小さな花ができて、やはり果実の発育が不良となります。

植物ホルモンを処理して単為結果させた場合、通常のホルモンが生産されないことがあります。そのために、ゼリー状組織が未発達な空洞果ができたりします。

また、かりに正常に着果しても、その後の日照不足・チッソ過剰などですじ腐れ果となったり、カルシウム不足で尻腐れ果になったりする、多くの奇形果が発生します。

最近の品種は過度に大果になるよう改良されたり、糖度が高まるようつくられているため、栽培環境を適性に保ち、発育に適した条件を整えてやることがとくに大事です。

Q 8-11 では、トマトの空洞果はどうすれば抑えられる？

A　空洞果の発生の原因としては、ホルモン過多、高温・低温・日照不足による花粉異常、チッソ過多・土壌水分過多による生育旺盛などがあげられます。

まず、ホルモン過多ということではホルモン処理するオーキシンの濃度が濃すぎるか、あるいは量が多すぎて、果実内の組織の発育のバランスがとれなくなったことが考えられます。また、花粉が不良になるような条件下では、果実発育もやはり十分ではないでしょう。過度に栄養生長が促進されすぎても、生殖生長とのバランスがくずれ、

果実の発育が抑えられることはよく見られることです。

空洞果の発生を防ぐにはまず、温暖な条件で栽培し、施肥基準を守ることが基本です。過度に植物ホルモンに期待するのもよくありません。ただ、正常な受精の過程で、オーキシンに次いで生産されるジベレリンを、ホルモン処理の際に混合処理すると、空洞果の発生をある程度抑えることが確かめられています（オーキシンはふつう50～100倍に希釈しますが、それにジベレリンを10～50ppm混ぜます）。

Q 8-12 石ナスってなあに？

A ナスは高温性の野菜であり、果実発育は昼温25～30℃、夜温18～20℃でもっとも促進されます。しかしこれより温度が高くなると、生育は進むものの花芽の発達は悪くなって落花したり、着果不良となったりします。逆に適温より下がると、生育が停滞し、さらに下がるとトマトで心皮数が増えて奇形果ができたように、ナスでは石ナスと呼ばれる単為結果の果実ができます。これは、受精していないため種子は当然ありませんし、果実肥大に必要な植物ホルモンも生産されません。そのために、小さくて堅い、商品価値のない果実になります。

しかしこうした石ナスが発生するような条件でも、ホルモン処理さえしてやれば、果実はうまく形成され、発達できます。

Q 8-13 ナスの落花はなぜおこる？

A ナスの花芽のつき方を84ページの図8-7に示しました。通常は主枝と2本の側枝が旺盛に生長してくるので、この3本仕立てにします。

ナスは2葉おきに花芽をつけるので、花をつけたその上1枚の葉を残して摘心して、果実を肥大させます。そしてこの果実を収穫するときに基部まで切り戻します（図8-9）。このときにはすでにその下2枚の葉から、それぞれわき芽が伸びて果実が肥大しているはずです。これらを収穫するときもや

はり同じことを繰り返して、基部まで切り戻しをします。1つの花に2本の側枝がつく格好になり、それが生育につれて花数は指数的に増加してきます。しかし、株の外側こそ比較的光もよくあたり、風も通りますが、株の内側は日あたり風通しともに悪く、花は十分に生育できません。短花柱花などになって受精できないまま落花するものがふえるわけです。

「ナスの花と親の意見は千に一つも仇(あだ)がない」といいますが、実際には生育の後半で、高温期にはかなり落花がおこっています。

図8-9　ナスの摘心と収穫
果実の肥大初期、その先1葉を残して切り戻す

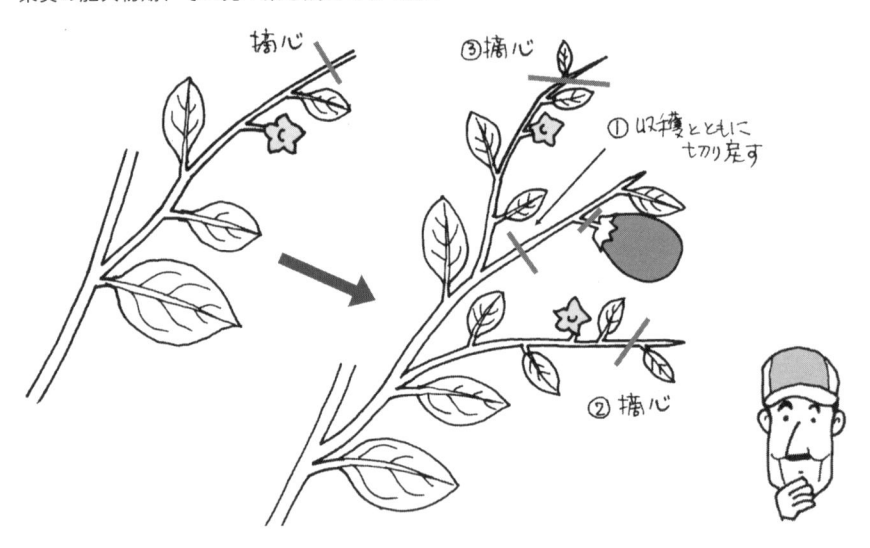

Q8-14　早く花が咲くのはよいこと？

A よく冬の暖かい日に桜が咲いたなど、新聞で見かけます。たいていの場合、これは老木で弱った木の場合で、日だまりの暖かいところでおこるようです。また、老化苗や肥料不足で育った苗も、早く小さな花がついてしまうことはよくあります。いずれの場合も、生育が旺盛で、整った条件で花が咲いているのではありません。枯れかけたような木が、最後の養分を出し切って花を咲かせるのは、実をつけて子孫を残そうとする自然な反

応です。

　オクラでも温度が下がると簡単に花芽をつけますが、その後は十分な収量がとれなくなります。そうした場合は、ある程度花芽を摘んでやれば、その間に葉数を増加して株を繁らせて養分を貯え、花芽がついても大丈夫になります。ただし、オクラやマメ類のように、わき芽に花がつく野菜ではうまくいきますが、茎の先端に花芽がつく野菜ではできませんので、そうはならないよう育苗のときから気をつけます。

9章 芽と種子の休眠
― 植物はなぜ活動を停止する

Q 9-1 休眠とはどんな現象？

A 晩春に収穫されたニンニクやタマネギは、その後の高温期には休眠して、秋の涼しくなったころに萌芽してきます。また、イチゴやアスパラガスの場合は晩秋になると生育が悪くなり、冬季には地上部の生育はほとんど停止しますが、春の訪れとともに休眠が破れて生育を再開します。アスパラガスでは71ページの写真に示したように、萌芽した芽はスペアとなり、伸長してシュート（苗条）となり、茎が伸長して葉が広がってきます。この芽も低温になると萌芽しなくなり、休眠に入ります。

このように、高温期、寒冷期にそれぞれ野菜は休眠して生育を一時的に停止しています。では休眠しなかったらどうでしょう。せっかく萌芽した芽も、不良環境のもとで枯れてしまうでしょう。これはなにも野菜に限ったことではなく、雑草の種子でも同様です。もし雑草種子に休眠がなければ、除草も1回で済んで楽なのかもしれませんが…

Q 9-2 休眠するのはどんな植物？

A 多くの種子は不良環境に対応するため、休眠性をもっています。また栄養繁殖で殖える植物にも休眠はあります（表9-1）。宿根草のイチゴ、アスパラガス、フキ、塊茎・塊根類のジャガイモ、ミョウガ、サツマイモとりん茎のタマネギ、ワケギ、ラッキョウ、ネギ、ニラ、ニンニクなどがその例です。これらの植物では、催芽時期や貯蔵期間がその休眠特性に左右

されるため、注意が必要になります。

休眠性をもつ植物には品種間差もあり、休眠程度は同じではありません。たとえば暖地で栽培する「九条ネギ」などは冬でも生長を続けますが、夏の高温期には生育が低下して休眠に入ります。しかし、北陸で栽培される「加賀ネギ」などは、冬は地上部が枯れて休眠に入り（**表9-2**）、春になれば萌芽して生育を再開し、夏にもよく生長します。

表9-1　種類別にみた休眠する野菜
宿根草、塊茎、塊根、りん茎、種子と多くの植物が休眠性をもっている。

種類	植物
宿根草	イチゴ、フキ、アスパラガス
塊茎・塊根	ジャガイモ、ミョウガ、(サツマイモ)
りん茎	タマネギ、ワケギ、ラッキョウ、ネギ、ニラ、ニンニク
種子	ダイコン、キャベツ類、レタス、ゴボウ、シュンギク、ナス、ウリ類、シソ

表9-2　おもな野菜の休眠時期（■の部分）
品目、品種によって、休眠の時期は少しずつかわってくる

	1月	2月	3月	4月	5月	6月	7月	8月	9月	10月	11月	12月
イチゴ	■	■										■
ネギ（加賀ネギ）	■	■	■									■
ニラ	■	■	■								■	■
フキ	■	■	■									
アスパラガス	■	■	■									■
ジャガイモ（作型による）						■	■	■	■	■		
サツマイモ（作型による）							■	■	■			
ミョウガ												
ワケギ							■	■				
ニンニク						■	■	■	■			
タマネギ（秋まき）						■	■	■				
ラッキョウ						■	■					

Q 9-3　休眠中はすべての生長が停止する？

A 休眠中の種子や塊茎・塊根、りん茎では、芽は完全に生長を停止しています。しかし、宿根草などでは茎の先端は枯れ、その基部にあるわき芽も生長を停止していますが、根は生長しています。イチゴも同様に、

休眠中に葉柄はほとんど伸びませんが、根は逆によく伸長しています（図9-1）。

皆さんは、ニンニクをすり下ろしたときに色が緑色になるのを経験したことはありませんか。これは、そのニンニク（りん茎）の中心部の休眠が破れて、普通葉が萌芽している証拠です（図9-2）。ニンニクりん茎の中心部にはタマネギと同様に普通葉があり、この葉は葉身をもっているので、萌芽すると緑色になります。

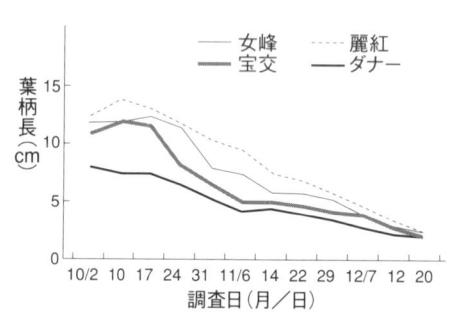

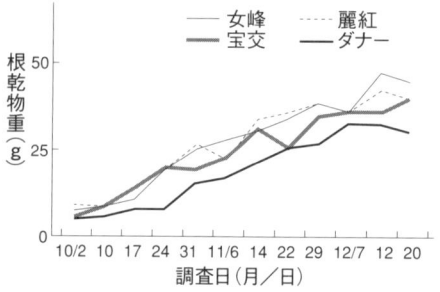

図9-1　イチゴの休眠開始にともなう葉と根の生長量の変化
イチゴなどの宿根草類では、休眠中葉柄の生長は止まっても（上）、根の生長は続いている（下）

図9-2　ニンニクの休眠が破れ、伸びてきた普通葉（矢印）

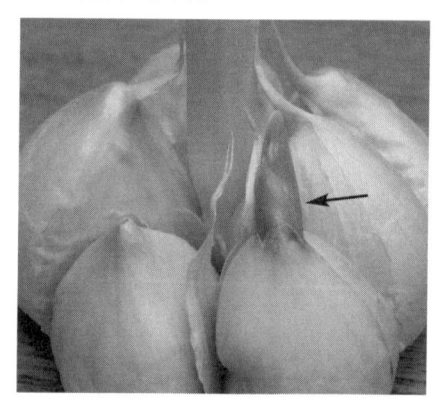

Q 9-4　休眠の型にちがいはある？

A 休眠には、自発休眠（内生休眠）と他発休眠（強制休眠）があります。

環境の影響で休眠誘導された後、休眠は徐々に深まっていきます。この状態では、かりに生育に適した環境条件においても生長は停止したままです。これを自発休眠、あるいは内生休眠と呼びます。

深い休眠に入った後、徐々に休眠は浅くなっていきます。この状態で生育に適した環境条件におくと、植物は生

長を再開するようになります。これを他発休眠あるいは外生休眠と呼びます。

イチゴでは、休眠に入ると花芽や葉の伸長は低下しますが、このあいだに花芽の増加は進んでいます。見かけ上、地上部の生育はわい化しているだけであり、これは相対的休眠と呼んで区別されます。

Q 9-5 果実中の種子は休眠している？

A 多くの野菜の果実は未熟な状態で収穫されるため、種子も未熟でまだ発芽しません。しかし、カボチャ、トマトやスイカなどの完熟に近い果実中の種子は成熟しており、発芽能力をもっている場合があります。これらの種子が果実中でふつう発芽しないのは、酸素や水分が十分でないか、果汁に発芽を抑制するホルモンが含まれているからです。スイカなどでは果汁を20倍くらい薄めると、発芽することが知られています。

Q 9-6 休眠時期は冬だけ？

A 91ページの表9-2に示したように、植物には冬に休眠する型と夏に休眠する型があります。冬に休眠する型に、イチゴ、アスパラガス、ネギ、フキ、ニラなどがあります。これらの植物では、秋からの低温・短日で休眠が誘導され、酷寒期に休眠をすることで耐低温性を獲得しています。一方、夏に休眠する型として、タマネギ、ニンニク、ワケギ、ラッキョウなどがあります。これらの植物では、長日でりん茎が形成され、高温で休眠が誘導されます。高温期を休眠することで耐暑性を獲得しているのです。

アスパラガスには休眠があるとされていますが、恐らく他発休眠であり、日本の冬の寒さに対応して生育を停止しているのだと思われます。熱帯では休眠することなく年中生長しています。

Q 9-7 ジャガイモの萌芽は抑制できる？

A ジャガイモ（塊茎）の芽は収穫後休眠しており、ふつうはこの芽の生長を制御して萌芽時期を調節しています。以前はその制御にMH（マレイン酸ヒドラジド）を用いてきました。ジャガイモだけでなくニンニクやタマネギもこのMHで萌芽を抑えてきました。しかし、製品の一部に遊離ヒドラジンが含まれることがあるため、2002年4月より製品は回収されています。

現在はジャガイモなどの萌芽を抑制する方法として、4～5℃くらいの低温貯蔵がされています。ただし、加工用の場合、長期低温貯蔵をすると還元糖（グルコース、フルクトース）が増加し、加工用に不適となります。しかし30℃くらいの高温条件においば長期保存とともに還元糖の増加が回避でき、萌芽も抑制されることが報告されています。

ジャガイモの品種別の休眠性のちがいを表9-3に示しました。秋どりには休眠性の深い品種より、浅い品種を選ぶ必要があります。放射線照射で芽を殺すことで萌芽は防げますが、芽が生長しなくなるため種イモには使えません。

表9-3　ジャガイモ品種別の休眠程度
秋どりには休眠性の深い品種より浅い品種を選ぶ

休眠	品種
浅	農林1号（晩）、オオジロ（早）、フィーラー（中）、ウンゼン（中）、タチバナ（中）、シマバラ（中）、デジマ（晩）、チジワ（晩）
深	男爵薯（早）、メイクィーン（中）

（早）：早生、（中）：中生、（晩）：晩生

もう一言

キュアリングでよくなるサツマイモの貯蔵性

サツマイモは塊茎ができた後は、芽の生長できる温度になればいつでも萌芽します。長期間保存しようと10℃以下の低温に置くと、バナナと同様に黒変したり腐敗してしまいます。そこでこれを、約35℃・多湿条件に3～4日置くと、イモの傷口にコルク層ができこれによって、傷口からの腐敗や水分蒸散を抑えて貯蔵性を増すことができます。これをキュアリングと呼んで、サツマイモの長期貯蔵に利用しています。

Q 9-8 タマネギの貯蔵性を増すには？

A タマネギの休眠には、かなり品種間差があります（図9-3）。タマネギでは古くから通風のよい日陰で乾燥させる吊り玉貯蔵が行なわれてきましたが、さらに貯蔵性を増すには、低温（15℃以下）・乾燥での保存が有効です。長期貯蔵するには０℃程度が適当ですが、急激に下げると内部組織が傷むので、２週間ほどかけてゆっくり設定温度にもっていきます。

タマネギは芽の生長を抑える他発休眠状態に置くことで、貯蔵性を増しています。

図9-3 タマネギの休眠期間（自然条件下での未萌芽期間）
品種によって１〜２カ月も休眠期間が異なる。貯蔵型のＦ１品種なら翌年の３月ごろまで貯蔵できてしまう。

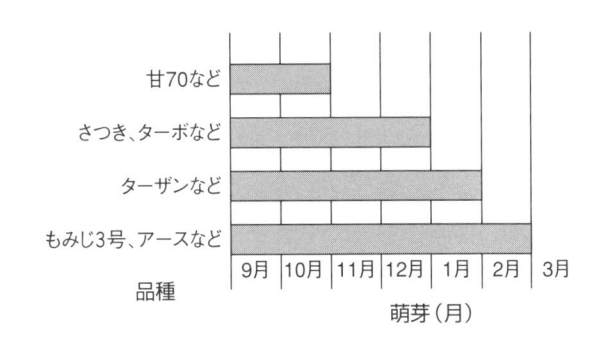

品種	9月	10月	11月	12月	1月	2月	3月
甘70など							
さつき、ターボなど							
ターザンなど							
もみじ3号、アースなど							

萌芽（月）

Q 9-9 ニンニクの保存はどうする？

A ニンニクの保存方法はタマネギの場合とほぼ同じです。一般的には乾燥条件下に置くことで、かなりの期間貯蔵できます。いったん休眠が破れても、38℃で１週間置くと、乾燥状態で約１カ月休眠させることできるようです。

暖地では４〜５月に収穫できますが、早まきすればもっと早く収穫できます。また、寒冷地では暖地より収穫期は遅れますが、暖地産のニンニクがなくなったころまで利用ができます。このように、最近では貯蔵したニンニクより新鮮なニンニクが求められるようになり、周年生産体系が求められるようになってきています。

Q 9-10 イチゴで、夜間電照するのはなぜ？

A イチゴは、秋の短日・低温（15℃）条件で花芽形成が誘導されます（**表9-4**）。さらに日長が短く、温度が低くなる（冬になる）と、休眠が誘導されます（**表9-5**）。ただし休眠中であっても、自然の短日・低温条件下で第1段花房に続いて、第2、第3花房と分化が続き、それぞれの花房の中で花芽の数が増加していきます。

イチゴは環境に生育がよく制御され、とくに休眠制御を利用して次の3つの作型が確立してきました。

その1　休眠させない作型（促成）

イチゴを短日・低温で栽培し、花芽を早く形成させた後、電灯を照明（電照）して日長を長日にしてやります。すると休眠に入るのが抑制され、生育が旺盛になり、開花結実も促進されます。

10月から11月頃に早く第1段果房の果実をとる作型になります。電灯照明は夕方からでも、夜中の照明（光中断）でも同じ効果をもちます。

表9-4　イチゴの出らい・開花に及ぼす温度と日長の影響（品種「宝交早生」）

生育温度 ℃	日　長	
	短日（10H）	長日（16H）
15	+^{z} (12/12)^y	+ (12/12)
20	+ (12/12)	− (12/12)
25	+ (8/12)	−
30	−	−

z；+ 出らい・開花あり　− 出らい・開花なし
y；分母は供試個体数、分子は形成個体数

表9-5　イチゴの休眠誘導に及ぼす温度と日長の影響（品種「宝交早生」）

生育温度 ℃	日　長	
	短日（10H）	長日（16H）
15	+^{z}	−
20	+	−
25	−	−
30	−	−

x；+ 休眠誘導あり　− 休眠誘導なし

その2　休眠打破する作型（半促成）

短日・低温で休眠が誘導され始めると、その誘導程度により短期間の低温処理（短冷：0℃、2〜4週間程度）で休眠は打破されます。しかし、一応休眠は打破されても、自然日長が短日や低温であると、ふたたび休眠に入ります。そこでこれを防ぐため、保温・電照・ホルモン処理（ジベレリン50ppm）を組み合わせて、生育を旺盛にしてやります。促成より少し収穫時期はおそくなりますが、11月から2月頃まで第1段から第3段までの果実を長期間収穫できます。

その3　休眠させておく作型（抑制、長期化株冷蔵）

自発休眠が破れ、花芽数も十分増加した株を2月に掘り上げ、低温条件（マイナス2〜0℃）で8月末ころまで冷蔵しておいて、秋に植えます。このイチゴは10〜11月に果実が収穫され、果実はクリスマスケーキなどに使われます。

このことから、イチゴの電灯照明は促成栽培あるいは半促成栽培で、休眠に入るのを抑制するために行なわれるものだといえます。なお、イチゴは品種によって休眠程度にかなりの差がある野菜なので、休眠打破にはその休眠程度に応じた期間の低温処理が必要になります。（図9-4）。

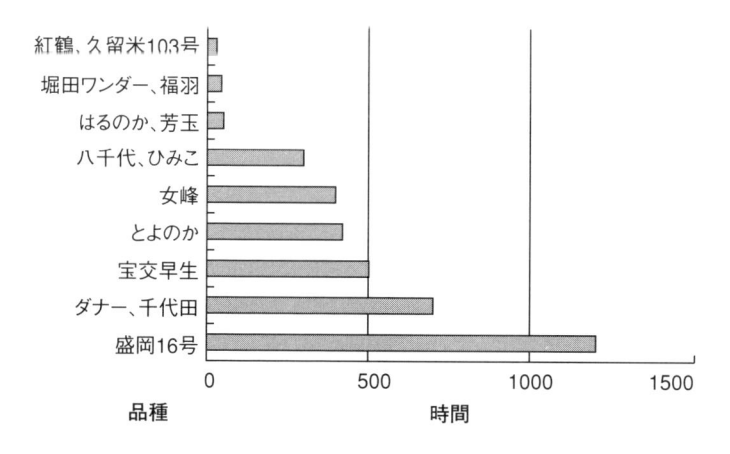

図9-4　イチゴの休眠打破に必要な時間（5℃）

Q 9-11 どのようにして植物は休眠できる？

A　1年草では種子ができると、植物は枯れます。それは生長活性の高い場所が、生長点から種子の胚に移っていくためです。種子は春か秋にできるのがふつうで、それぞれの種子ができた後の季節は、種子の生育に適しない高温か低温です。もう元の植物は枯れてしまっているので、この種子が生育に適した季節になるまで休眠していなければ、その植物の種類全体は絶滅してしまうことになりかねません。

宿根草でも、夏あるいは冬の前に地上部は枯れ、分裂活性の高い場所は基部の芽に移っていきます。

宿根草のイチゴで見ますと、前述のように秋になって低温・短日になると花芽を分化しますが、さらに秋が深まるとより低温・短日になるので休眠に入ります（図9-5）。

しかし、秋に温度が下がったその初期には高温に移してやると、旺盛に生育してきますが、低温になってしばらく経つと、もう高温に移しても生長しなくなり、休眠に入っていきます。

このようにイチゴは何らかの機構で、低温の程度とその期間を測定しているようです。種子では、休眠をひきおこす抑制物質が種子、果皮あるいは芽に蓄積することが知られており、宿根草でも同様の機構で抑制物質が蓄積されていき、一定の値を超えると休眠に入っていくのでしょう。

図9-5　イチゴの生育と環境条件との関係

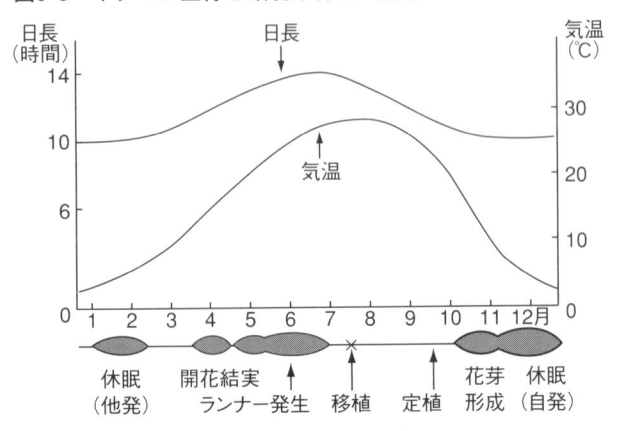

生育の経過は、秋の低温・短日で休眠が誘導され、春先の高温・長日で開花・結実・ランナー発生が誘導される。

10章 植物ホルモン
― 生長活動のコントローラー

Q 10-1 植物ホルモンと生長調節物質は同じもの？

A 植物ホルモンは一般に植物体内でつくられ、微量で生理作用を調節するもので、その生産場所と作用場所は異なります。また、同じ作用をもつ物質が化学的に合成されており、生長調節物質といわれます。広義の生長調節物質には、植物ホルモンと狭義の生長調節物質が含まれることになります（**表10-1**）。ふつうはオーキシン、ジベレリン、サイトカイニン、エチレン、アブシジン酸の5種類を植物ホルモンと呼んでいますが、これ以外にわい化剤（グロースリターダント）というのがあります。グロースリターダントは、ジベレリンと反対の作用を示し、鉢植え植物の草丈を低くさせるのに用いられます。

表10-1 種種の生長調節物質

	生長調節物質（広義）	
	植物ホルモン	生長調節物質（狭義）
オーキシン	インドール酢酸（IAA）	ナフタレン酢酸（NAA） 4クロロフェノキシ酢酸 （4-CPA）、24-D インドール酪酸（IBA）
ジベレリン	GA_1〜GA_{121} ジベレリン酸（GA_3）	
サイトカイニン	カイネチン、ゼアチン	ベンジルアデニン（BA）
エチレン	エチレン	エセフォン
アブシジン酸	アブシジン酸	
グロースリターダント （わい化剤）		CCC、BCB、AMO1618 Phosphon-D、SADH、 アンシミドール、ウニコナゾール
その他		TIBA、MH

Q 10-2 種子ができるのに関与している植物ホルモンは？

A 種子ができるまでには、多くの植物ホルモンが関係しています。受粉・受精して胚が形成される際にはまずサイトカイニンが生産され、胚の生長に必要な細胞分裂を促進します（図10-1）。次いで、オーキシンとジベレリンが生産され、さらに細胞の分裂と肥大が促進されていき、幼芽や幼根が完成します。この間に貯蔵養分は増加し、含水量は逆に急速に減少します。

貯蔵養分が最大に達するころ、老化を調節するアブシジン酸が生産され、徐々に濃度を増加していきます。このホルモンは、胚があまり早期に発芽しないよう、調節をしています。一般に、種子はその後休眠に入りますが、一定期間が経過してアブシジン酸が減少すると、休眠が破れて種子は発芽できるようになります。

図10-1 種子形成・発芽と植物ホルモン（ホプキンス・ヒュナー、2003）

→ 老化を調節
（胚が早期に発芽しないよう調節）

→ 細胞の分裂と肥大促進（幼芽、幼根の完成）

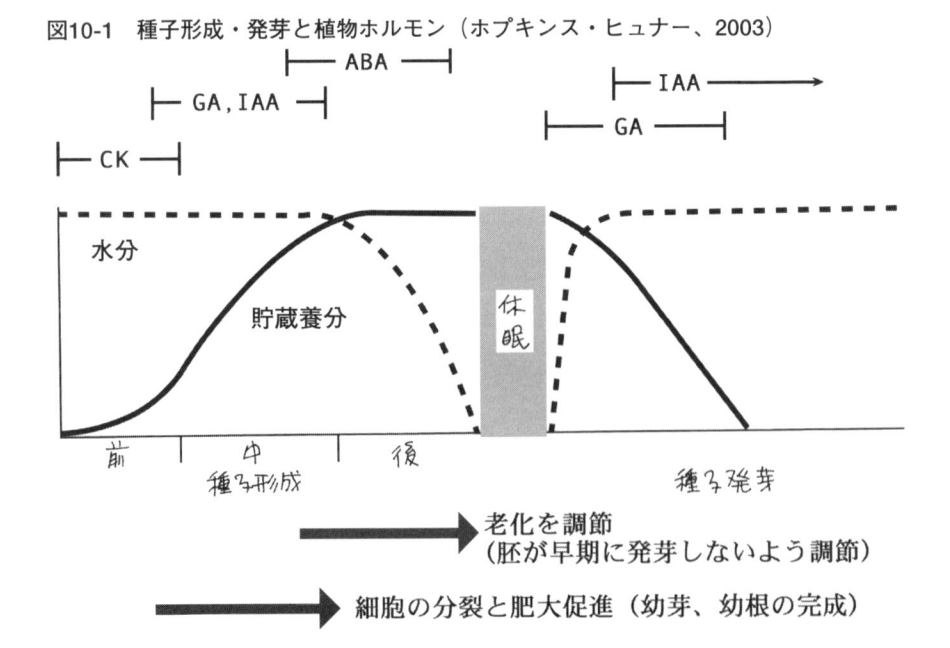

→ 細胞分裂を促進（胚の生長）

4種のホルモンがそれぞれちがった働きをして種子ができる
ABA：アブシジン酸、GA：ジベレリン、
IAA：オーキシン、CK：サイトカイニン

Q 10-3 種子の発芽に必要な養分はどのように供給される？

A レタス種子では、15％くらい吸水すると発芽反応がおこって、胚乳に含まれたデンプンやタンパクは分解され始めます。一般に種子中には、その重量の約85〜90％くらいの養分が蓄えられており、発芽初期の生育に必要な養分として使われます。なお、エンドウの場合では子葉に養分が蓄えられており、炭水化物が34〜46％、タンパクが20％、脂肪が2％くらい含まれています。

種子の含水率が20％になるとジベレリンが生産され、αアミラーゼ生成を誘導します。このαアミラーゼの働きにより、デンプンは分解されてショ糖やブドウ糖になり、胚の発達に必要なエネルギーや養分を供給していきます（図10-2）。その後、オーキシン量が増加し、子葉や芽の細胞が肥大して生長していきます。

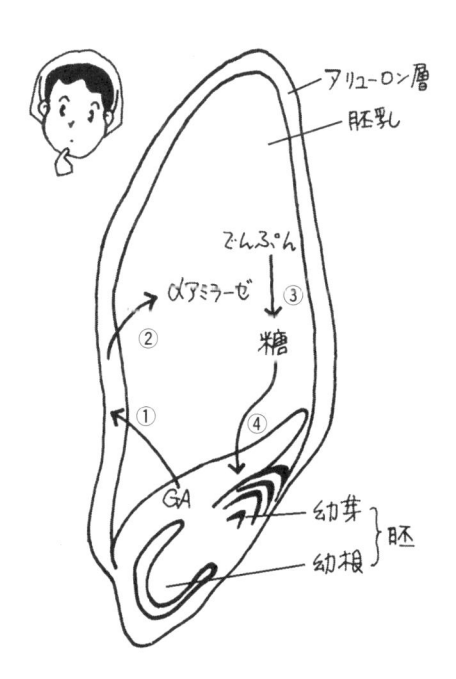

図10-2 発芽にともなうジベレリンの働き
胚に養分が送られるにはジベレリンの働きが不可欠。まずそのジベレリンが生産されて、αアミラーゼを活性化させ、デンプンを糖に変え、それを利用して種子は発芽する

Q 10-4 キャベツやホウレンソウの茎はいつ伸びる？

A キャベツやホウレンソウの葉が生長している間は、茎はほとんど伸びないでロゼット（短縮茎）状態になっています。春になって温度が上昇し、日長が長くなってくると、花芽が分化するにつれてジベレリンが増加し、茎は抽だいしてきます（**図10-3**）。抽だいしていないものに、ジベレリンを処理してやっても、やはり茎は伸長します。このようにジベレリンは、ロゼット型植物の茎の伸長を促進しています。

なお、茎の伸長は、ジベレリンと反対の作用をもつグロースリターダントを処理すると抑制することができるので、花壇植物や鉢植え植物の徒長を抑えるのに使われています。

ジベレリンはまた、休眠打破後のイチゴやセルリーの葉柄長の伸長促進にも有効です。

図10-3 キャベツの抽だいとジベレリン
自然に低温と長日を経過すると抽だいするが、ジベレリンを処理しても抽だいする。

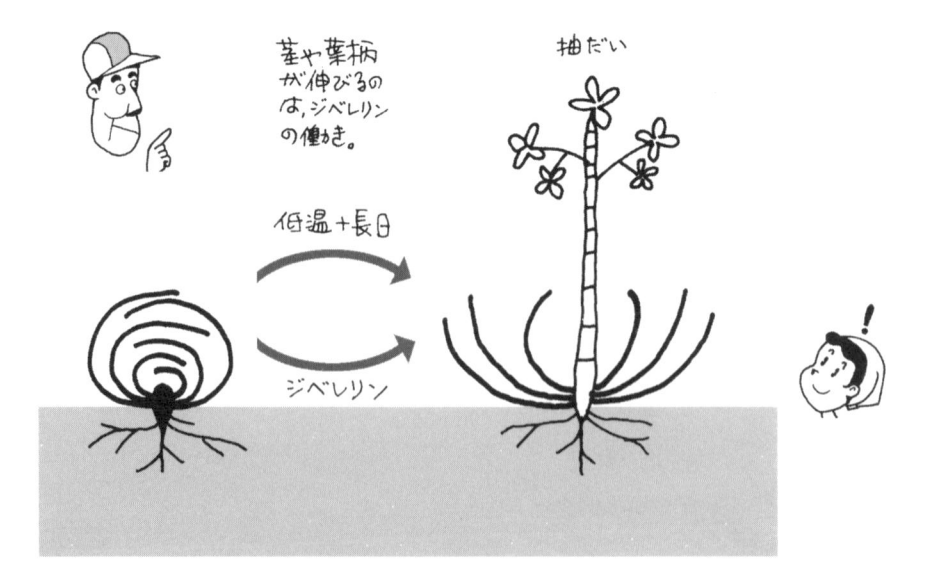

10章　植物ホルモン──生長活動のコントローラー

Q 10-5　雌雄の発現にも植物ホルモンが関わる？

A　ウリ類など雄花と雌花をつける種類では、果実形成には雌花が、採種には雄花が必要になります。この雌雄の発現も、植物ホルモンの影響を受けています。まだ雌雄の決まる前のキュウリの花芽を試験管内に植え、培地にオーキシンを多く加えると雌花になり、ジベレリンを多く加えると雄花になります（図10-4）。つまり、キュウリの雌雄の現れはオーキシン／ジベレリンの比率に左右されているということです。

また、ジベレリンの働きを抑えるグロースリターダントを処理すると、雌花形成が促進され、この効果はジベレリンを処理することで逆転します。

図10-4　雌雄の発現とオーキシン／ジベレリン比
雌雄決定前の発芽を培養し、高ジベレリン濃度におくと雄花になり、高オーキシン濃度におくと雌花になる。

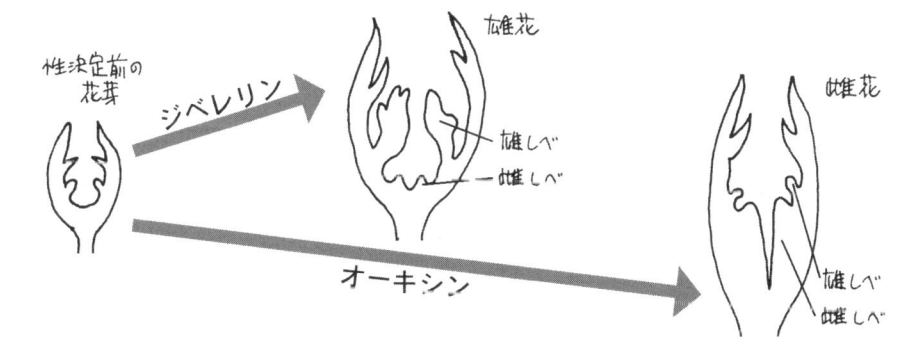

Q 10-6　挿し木からの発根はどうすれば促進される？

A　園芸植物の多くは、葉挿しや茎挿しで発根します。発根を促進するには、排水のよい清浄な挿し床へ葉や茎を挿す前に、発根ホルモンを処理しておきます。その主成分はオーキシンで、NAAを水溶性にしたり、増量剤をまぜた発根促進剤（ルートン）が、一般的に用いられます。

挿し木に多くの葉がついているほど発根は促進されるので、葉を取ってか

ら挿すと発根は抑制されます（**図10-5**）。オーキシンは根の伸長を抑制しますが、切り口からの発根と分根を促進するからです。摘葉や整枝を過度にしてオーキシン生産の場である葉を除くと、根の分根などが十分におこらない可能性があり、注意が必要です。

ただ、挿し穂に葉がつきすぎていると、そこから蒸散で水分が失なわれ、また貯蔵養分も消費されます。いくら発根しようとしても、水分や貯蔵養分がなければ発根は抑制されるので、充実した挿し穂を用意するとともに、挿し穂につける葉面積を制限する必要があります。だいたい、挿し穂には3～4枚の葉をつければ十分で、その葉も大きすぎるような場合は少し切って小さくします。

挿し穂の両端を切って上下を逆にしても、横にしたりしても、必ず基部側

図10-5 葉の有無と発根程度
挿し木前に除葉すると発根はおこらず、葉数の多いほど発根は促進される

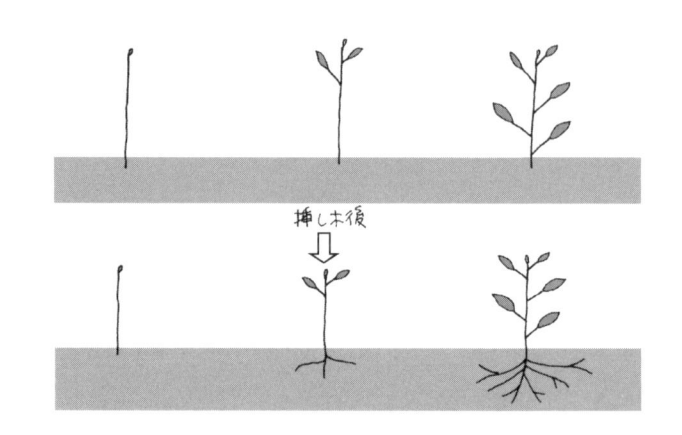

図10-6 挿し穂からの萌芽と発根部位
シュートの萌芽は頂部側の切り口にでき、発根は基部側の切り口からおこる
（D：頂部側、P：基部側）

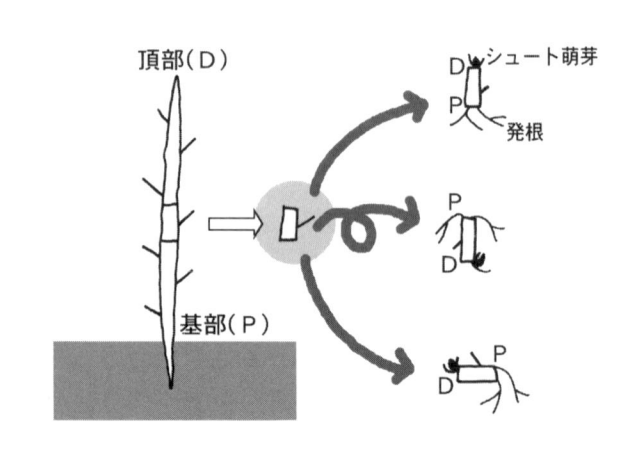

10章 植物ホルモン―生長活動のコントローラー

の切り口から発根し、頂部側の切り口からはシュート（未展開の葉がついた若い茎）が萌芽します（図10-6）。これは、オーキシンの移動に極性（茎の中を動方向に移動する）があり、茎の先端部から基部に向かって移動しているためです。

Q 10-7 茎の先端近くのわき芽はなぜ生長しない？

A キュウリ、エンドウ、オクラなどでは、茎は旺盛に生長しますが、わき芽は基部のものは生長しても、先端近くのわき芽はほとんど生長しません。これは茎の先端にある頂芽により、わき芽の生長が抑えられているためで、これを頂芽優勢といいます。頂芽からかなり離れた基部では頂芽の影響が弱くなるので、わき芽は生長することができます。

この作用は、頂芽で生産されるオーキシンが、極性によって基部に移動するためおこります。つまり、オーキシン作用は、生育初期の過剰なわき芽の発達を抑える機能をもっているのだと考えられます。

このことは、茎の先端を摘心するとわき芽が生長できるようになり、摘心した切り口にオーキシンを処理すると、ふたたびわき芽が生長できなくなることから確かめられています（図10-7）。また、オーキシンの移動を抑える作用をもつTIBAを処理しても、やはりわき芽は生長することができま

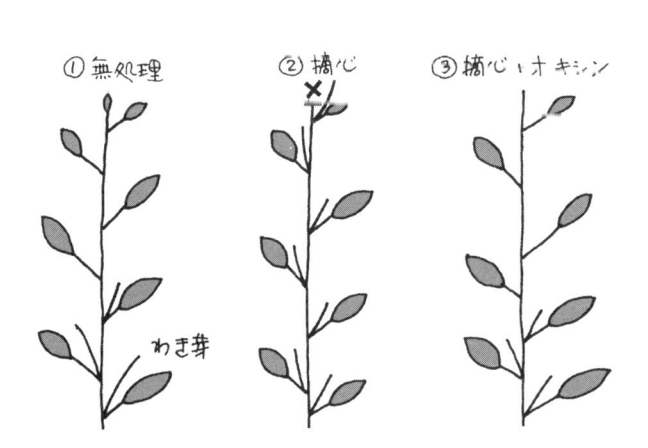

図10-7　頂芽によるわき芽の生長抑制
無処理では、頂部近くのわき芽は生長していないが（①）、摘心すると生長できるようになる（②）。しかし、摘心してもオーキシンを与えると、生長はおこらない（③）。

105

す。さらには、オーキシンと反対の作用をもつサイトカイニンを処理しても、わき芽は生長できます。

同じようにオーキシンは存在するのに、なぜ茎は生長できてわき芽が生長できないのかは、それぞれの最適オーキシン濃度が異なるためです（図10-8）。茎、芽、根の最適伸長促進濃度をみると、茎がもっとも高く、次いで芽、根の順に低くなります。トマトの断根育苗、茎挿しや葉挿しで発根を促進するには低濃度のオーキシン処理で十分です。高濃度で処理すると茎あるいは葉が生長することになりますが、低濃度のオーキシンで発根だけが促進されることになります。

図10-8　器官別に見たオーキシンの生長促進濃度（チマン、1977）

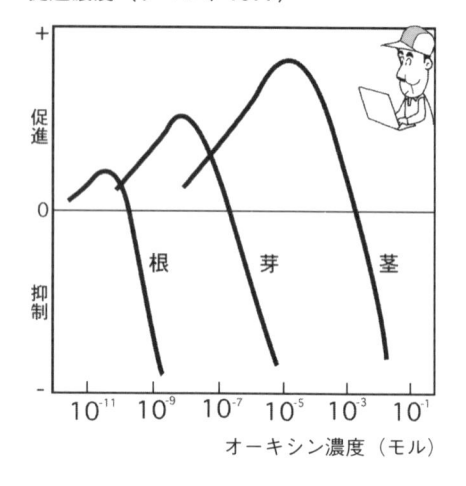

Q 10-8　トマトやナスではオーキシンでなぜ単為結果させられる？

A 低温期のトマトやナス栽培では受粉受精が不十分なため、ほとんどオーキシン（4-CPA、商品名トマトトーン）処理で単為結果させています。

こうした受粉・受精なしで果実が形成される単為結果には、いくつかの種類があります。花粉が柱頭につくこと、あるいは花粉管が伸長することなどでも、単為結果のおこることが知られています。しかし、いずれの場合でも、子房内でオーキシンが生産されることが必要です。このオーキシンがどこからくるかについては、母体から、花粉

図10-9　果実肥大とオーキシン
オーキシンがどこからくるか、については③の胚珠からの可能性が一番高いと考えられている

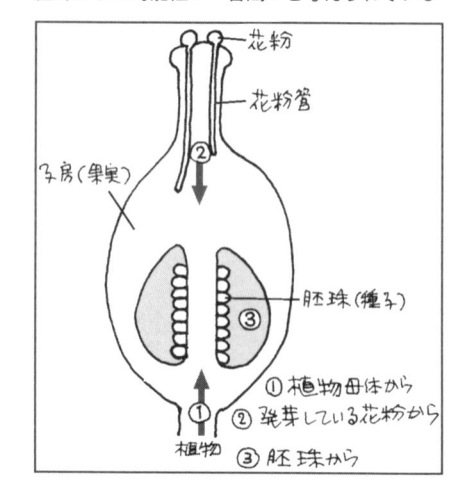

から、あるいは受精した胚珠からくる三つの可能性があります（図10-9）。そのうち、胚珠からくる可能性がもっとも大きいと考えられています。

イチゴの場合、果実肥大は種子（痩果〈そうか〉）からくるオーキシンに明らかに依存しています（図10-10）。受精して種子ができることによりオーキシンが生産され子房が肥大しますが、低温期には受粉・受精が抑制されるためこのオーキシンを外部から与えることで子房を肥大させているのです。

ナスでは茎葉が繁りすぎて結実が悪い場合にオーキシン散布をしますが、これは茎葉の生育を抑えて果実発育を促しているのです。

図10-10　イチゴの種子と果実肥大（ニッチ、1950）

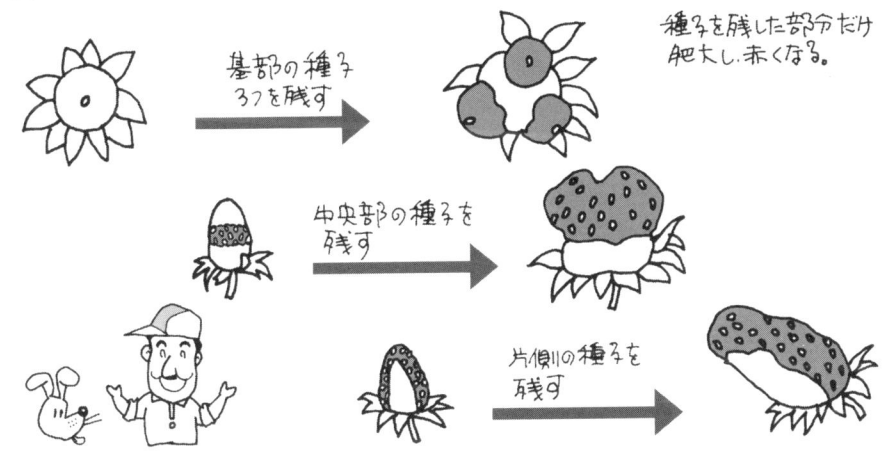

Q 10-9 ジャガイモの茎はどのようにして塊茎になる？

A ジャガイモの基部のわき芽は地中にあり、その芽は地中を横に伸びて（横地性）、やがて塊茎になります。塊茎形成は多くの植物ホルモンの影響を受けています。たとえば、摘心すると、わき芽は横地性を失い上に伸びてきます。摘心部位にオーキシンとジベレリンを処理すると、わき芽はふたたび横地性を示して塊茎をつくります。しかし、根を切ってサイトカイニン生産を抑えると、小さい塊茎しかつけません（図10-11）。

そこで塊茎ができるには、茎からオーキシンとジベレリンが移動してくる

ことと、根でサイトカイニンが生産される必要があります。塊茎を十分に作らせるには、根を傷めたり、茎葉の生育を抑えないことが重要になります。

図10-11 塊茎形成と植物ホルモン（ブラック・エーデルマン、1970）

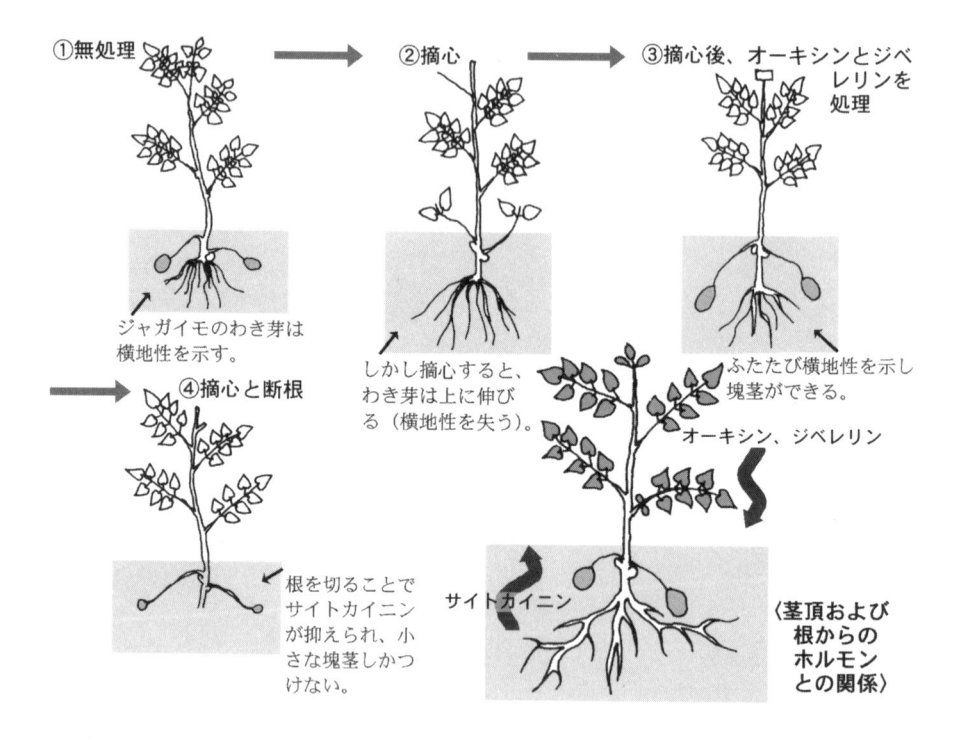

①無処理
ジャガイモのわき芽は横地性を示す。

②摘心
しかし摘心すると、わき芽は上に伸びる（横地性を失う）。

③摘心後、オーキシンとジベレリンを処理
ふたたび横地性を示し塊茎ができる。

④摘心と断根
根を切ることでサイトカイニンが抑えられ、小さな塊茎しかつけない。

〈茎頂および根からのホルモンとの関係〉
オーキシン、ジベレリン
サイトカイニン

Q10-10 成熟に影響する植物ホルモンは何？

A　植物の生育は、発芽後の日数のたつほど進みます。齢の進行にともなう発育を老化と呼び、その最終段階が老衰になります。つまり、生育にともなって老化はつねに始まっています。

この老化には、エチレンとアブシジン酸が関係しています。エチレンは果実の成熟につれて生産が高まり、自分だけでなく周囲の果実の成熟も促進します。そこで、貯蔵や輸送中には注意が必要です。貯蔵性をさらに高めるには、エチレン生産を最小に抑えるとともに、低温かつ高二酸化炭素濃度にす

10章　植物ホルモン — 生長活動のコントローラー

るのが効果的です。エチレンの反対の作用をもつのはサイトカイニンで、老化を抑えるとともに、養分をほかの器官から集めてくる特性をもっています。

また、アブシジン酸は休眠に関係するだけでなく、その濃度が高くなると器官の離脱を促進します。この離脱作用にはオーキシンも関与し、葉などからのオーキシン生産が低下すると、離層が形成されて葉は離脱します（**図10-12**）。

図10-12　オーキシン濃度と離層形成
葉の先端から基部へオーキシンの供給があれば離層はできないが、その供給が止まると離層ができて、葉は落葉する

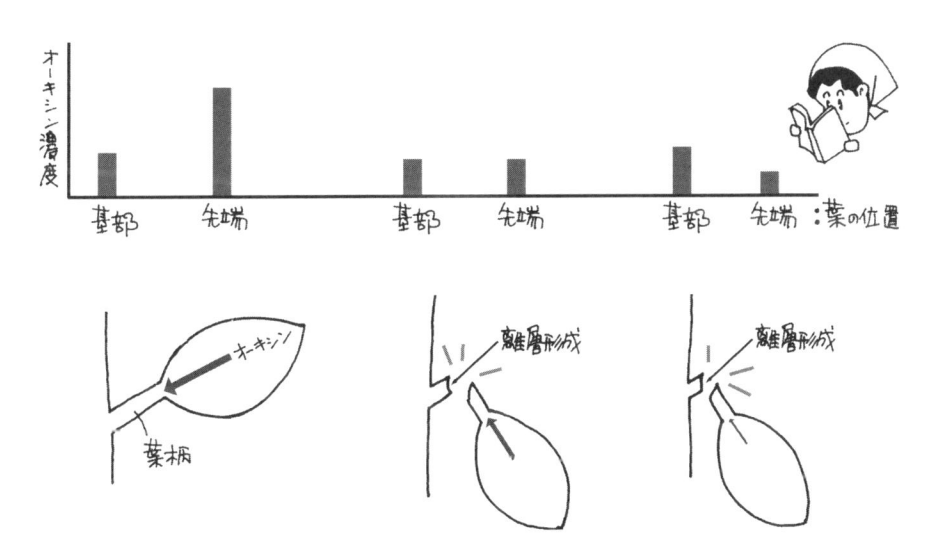

Q10-11　ホルモン処理果ではなぜ花弁が離れにくいの？

A　受粉・受精して種子ができると、オーキシンなどいくつかの植物ホルモンが生産され、果実が肥大します。同時に、老化を促進する植物ホルモンも生産され、不要になった花弁や花柱などの離脱がおこります。しかし、オーキシン処理で単為結果させた場合には、この老化を促進する植物ホルモンが生産されないため、柱頭が残って先端の尖った果実ができたり、花弁が離れにくくなることがあります（**図10-13・-14**）。オーキシンは与えら

れても、成熟ホルモンであるエチレンやアブシジン酸の生産がされないためです。

図10-13　単為結果と果実形態
オーキシンを与えて単為結果させても成熟ホルモンは生産されないため、先の尖った果実ができたり、花弁が離れにくくなる

花柱、柱頭が残り、とがりやすい。

花弁が離れにくくなることがある。

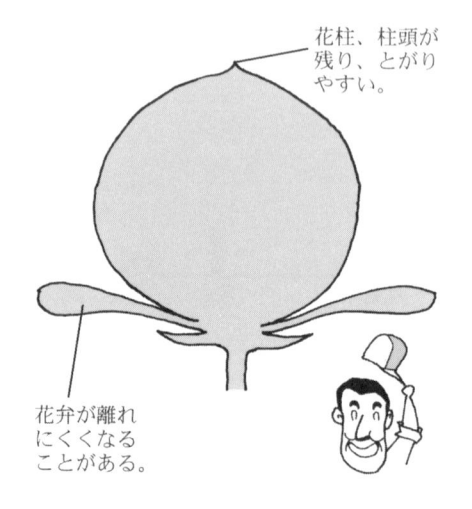

図10-14　ホルモン処理されたナスの花（(右)

左、自然の受粉したもの　　右、ホルモン処理→花弁がくっついて柱頭が残っている

11章 生育と栽培技術
― 基本のおさらい

Q 11-1 おもな野菜の原産地と科名を教えて？

A 野菜の原産地はロシアのバビロフ(1935)により、推定されています。古くから栽培されてきたところほど、多くの変異があらわれます。そこで彼は変異の多くでる場所を分析していって、野菜の原生地を8カ所に整理しました（**図11-1**）。

中国北部はハクサイ類、ダイズ、ネギ、ゴボウなどの原産地です。ワサビも中国北部原産ですが、太古、アジア大陸と地続きだった日本にだけ現在は残っています。ダイコン、ニンジンは中央アジア、メロン類、ニンジンは近東が原産で、これらの多くはシルクロードを通ってアジアとヨーロッパに伝えられ、東洋系と西洋系が誕生しています。インド・東南アジアが原産のものにキュウリ、ナス、サトイモなどがあります。

地中海沿岸ではキャベツ類ができ、エンドウ、アスパラなどもここが原産です。地中海南側のアフリカ西部・北部ではスイカ、オクラが原産となります。

新大陸のアメリカでは重要な野菜ができています。まず中央アメリカではトウモロコシ、サツマイモ、日本カボチャが、南アメリカではジャガイモ、トマト、トウガラシなどが誕生しています。

これらの野菜のライフサイクルは原産地の気候条件に大きく影響されています。熱帯原産では高温性野菜となり、短日で花芽ができやすい特性をもっています。温帯では温度の変化があり、緯度の高い地帯ほど低温に耐性があり、長日で花芽ができやすい特性をもっています。

また野菜の発育特性は種類ごとに共通性があり、栽培管理に応用が効きます（**表11-1**）。たとえばタバコをつくった畑に、ジャガイモやトマトをつくると同じ病害が多発するのは、それら

がナス科であるためです。同じ科同士では病気に対する抵抗性も共通しています。また、キャベツをつくった後にブロッコリーをつくるとホウ素欠乏が出やすいのは、同じ養分を共通して要求するためです。

新しい作物を栽培するときや何か栽培管理でわからないことがあれば、それらの原産地とその気候、分類は何かなどを参考にして考えてみるとよいです。

図11-1　おもな野菜の原産地

地中海沿岸
キャベツ類、エンドウ、アスパラガス、セルリー

近東
メロン類、ニンジン、レタス

中央アジア
ダイコン、ニンジン、タマネギ、ニンニク、ホウレンソウ

中国北部
ハクサイ類、ダイズ、ネギ、ゴボウ、ワサビ、ハス

アフリカ西部・北部
スイカ、ササゲ、オクラ

インド・東南アジア
キュウリ、ナス、サトイモ、ショウガ、ミョウガ

メキシコ・中央アメリカ
トウモロコシ、日本カボチャ、サツマイモ、シシトウガラシ

南アメリカ
ジャガイモ、トマト、トウガラシ、西洋カボチャ、ラッカセイ

表11-1　おもな野菜の分類

科	作物名
アオイ科	オクラ
アカザ科	ホウレンソウ、フダンソウ
アブラナ科	キョウナ、アブラナ、ハクサイ、カブ、カラシナ、タカナ、ケール、カイラン、カリフラワー、ブロッコリー、キャベツ、メキャベツ、ワサビ、ダイコン
イネ科	トウモロコシ
ウリ科	スイカ、メロン、シロウリ、マクワウリ、キュウリ、カボチャ、ニガウリ、ヘチマ
キク科	ゴボウ、シュンギク、チコリー、アーチチョーク、レタス、フキ
シソ科	シソ、セージ、タイム
スイレン科	ジュンサイ、ハス
セリ科	セルリー、ミツバ、ニンジン、ウイキョウ、セリ、パセリー
ナス科	トウガラシ、トマト、ナス、ジャガイモ
バラ科	イチゴ
ヒルガオ科	サツマイモ、ヨウサイ
マメ科	ラッカセイ、エダマメ、インゲンマメ、エンドウ、ソラマメ、ササゲ
ミカン科	サンショウ
ユリ科	リーキ、タマネギ、ラッキョウ、ネギ、ワケギ、ニンニク、アサツキ、ニラ、アスパラガス、ヤマユリ

11章 生育と栽培技術 — 基本のおさらい

Q 11-2 栽培の一番の基本は何だろう？

A　排水が不良な土壌では、土壌中の酸素が少なくなるため、根菜類でも半日湛水すれば酸欠となって根に障害が出ます。サツマイモ、インゲン、スイカ、ブロッコリーやカリフラワーなどは耐湿性が弱く、帯水しや

図11-2　光・影のとらえ方と畦・ハウス方向

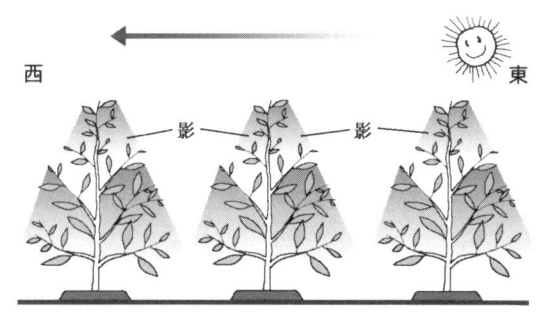

畦の方向は冬季でもお互いに影にならない南北向きがよい

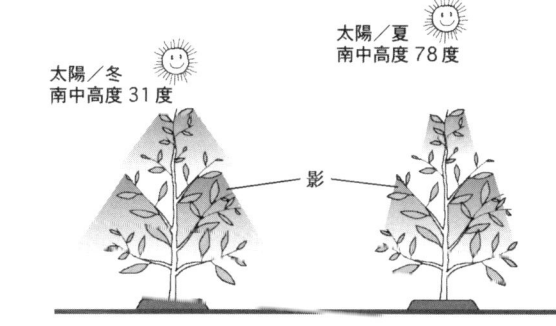

太陽／冬 南中高度31度
太陽／夏 南中高度78度

夏と冬とでは太陽の高さが大きくちがう。光の強さも異なる

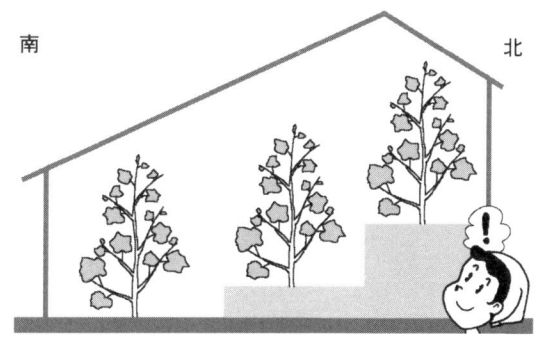

スリークォーター温室は東西向きにたてる

113

すい畑では暗渠を入れるなど、排水につとめる必要があります。逆にサトイモ（39ページ、**表4-5**）や水生植物のミツバ、セリ、クワイ等は強い耐湿性をもっており、むしろ乾燥しない管理が必要になります。

また、畦あるいはハウスの向きは、光条件あるいは排水の流れる方向を考慮して決めます。栽培する畦の方向は、各畦の野菜が冬季でもお互いに影の影響を受けない南北向きにします（**図11-2上**）。

光の強さは、太陽が一日でもっとも高くなる南中高度に大きく影響されます。南中高度が78度くらいに高くなる夏季に光はもっとも強くなり、31度くらいに低くなる冬季にもっとも弱くなります（**図11-2中**）。ビニールハウスなどの向きも基本的には南北棟にしますが、メロンを栽培するスリークォーターの温室（**図11-2下**）だけは東西棟にします。南北棟ではどうしても横の個体の影があるためです。スリークォーターは、とくに冬季の日あたりがもっともよく、保温性にも優れています。ただし、北側ほどベッドを高くし、どの畦のメロンも一日中光を受けられるように工夫します。

ちなみに冬季に光の弱いヨーロッパではブドウも棚仕立てでなく、光を多く受けられる垣根仕立てにしています。

Q 11-3 促成栽培と抑制栽培のちがいは？

A 促成栽培は早出しとも呼ばれますが、正確にはハウスなどの施設を利用して、早まきあるいは環境制御によって果菜類などの生育を促進させるもので、普通栽培より収穫を前進させることを指します（**図11-3**）。

同様に、抑制栽培もたんに生育を遅らせることではありません。普通栽培より遅く、そのままでは収穫できない低温期にトンネルやハウスを利用して栽培することです。ただ、インゲンのように野菜によっては、後期の露地栽培を抑制栽培と呼ぶこともあります。またイチゴでも、冷蔵苗を普通期より後に植える作型を抑制栽培と呼んでいますが、実際には促成栽培より早期に果実を収穫できます。

ハウスなど施設の利用期間で区別すると、全期間で利用するのが促成栽培、生育の前半までは施設で、その後はフィルムなどの被覆資材を取るのが半促成栽培です。また、施設で育苗した苗

をトンネル内に植えたり、苗だけホットキャップをかぶせて、その後それらの被覆を取るのが早熟栽培です。

一方、葉菜類や根菜類では品種あるいは播種時期で栽培を区別することが一般的です。これらは、春まき、秋まき、あるいは春どり、秋どりと呼ぶことが多いようです。

図11-3 果菜類の作型

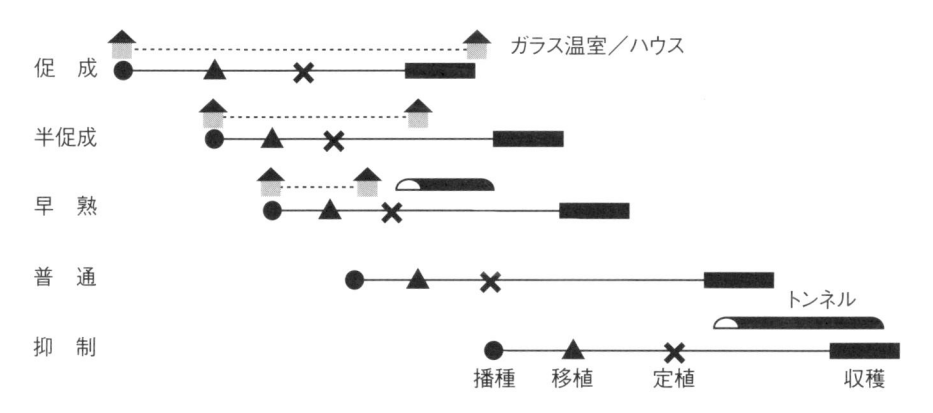

促成
半促成
早熟
普通
抑制

ガラス温室／ハウス
トンネル
播種　移植　定植　収穫

Q 11-4　早生、中生、晩生のちがいは何？

A 作物や果物の早く開花・結実・成熟するものを早生と呼び、植物の比較的遅く生長・成熟する品種を晩生と呼んでいます。

遺伝的に生育の早いか遅いかで、早生、中生、晩生の分類がされていますが、その生理的なちがいはよくわかっていません。また、生育の早晩性だけでなく、種類によっては花芽の形成条件の違いから、たとえば低温要求性の多少によって早生、中生、晩生に分類されることもあります。なかにはカリフラワーのように、早生よりさらに早い極早生、超極早生、あるいは中生と晩生の中間的な中晩生といったような区別をする野菜もあります。

ちなみに、こうした早晩性の表現と、促成や抑制栽培を利用した周年栽培は、世界の中でも日本でとくに発達しています。これは気候が温暖なため、促成が可能になる一方で逆の抑制も可能になるためです。

Q 11-5 温床育苗ってどんなこと？

A 低温期に果菜類の育苗をする場合、以前は土にきゅう肥などを混ぜ、微生物がそれを分解する際に発生する熱を利用していました。しかし、労働力が不足し、有機物の確保が困難となって堆きゅう肥もつくられなくなった現在では、熱源をほかに求めるようになっています。

一般的なのは、電熱線を地中に配線し、サーモスタットを用いて一定温度に保つ温床育苗です。また、近年ではフィルム資材や暖房設備が普及したため、直接ハウス内で鉢育苗されるようになっています（図11-4）。

図11-4　果菜類の育苗方法の変化（崎山、1994を修正）

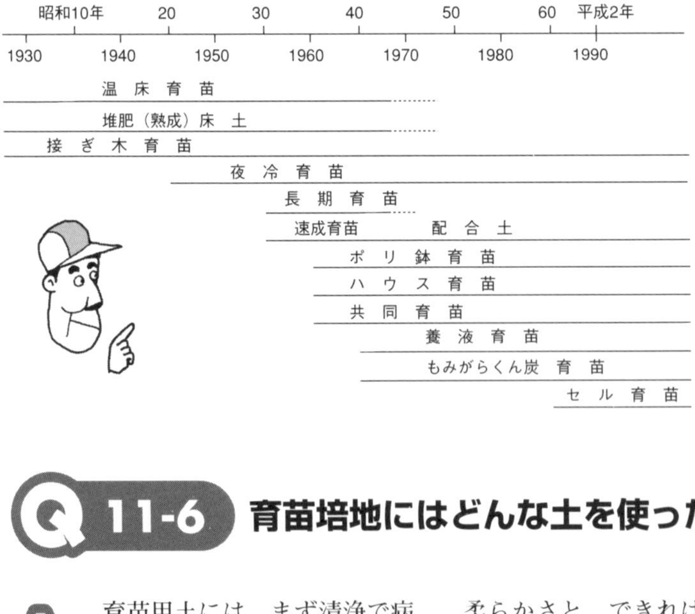

昭和10年	20	30	40	50	60	平成2年
1930	1940	1950	1960	1970	1980	1990

温床育苗
堆肥（熟成）床土
接ぎ木育苗
夜冷育苗
長期育苗
速成育苗　　配合土
ポリ鉢育苗
ハウス育苗
共同育苗
養液育苗
もみがらくん炭育苗
セル育苗

Q 11-6 育苗培地にはどんな土を使ったらよい？

A 育苗用土には、まず清浄で病原菌を含まず、そのうえで排水性と保水性がよくて、適度の水分を保つことが要求されます。また適度の団粒構造をもち、根が十分伸びていける柔らかさと、できれば軽いことも重要な要素となります。最近では堆きゅう肥がつくられなくなり、代わりにいろいろな土壌改良材が用いられています（表11-2）。

その代表的なものに、蛭石を約1000℃の高温で焼き、粒子内孔げきを広げたバーミキュライト、真珠岩を約800℃で焼いて軽石のようにしたパーライト、水ゴケが堆積して完全には分解しないで泥炭化したピートモスなどがあります。消毒した土壌に、これら土壌改良材を川砂などと混ぜ、培養土をつくります。

私の研究室では、砂質の壌土を基本的に、用いる土によって比率を変えていますが、土：砂：バーミキュライト：堆肥を３：１：１：１の割合で混合して、育苗用土としています。一度使用した育苗用土、あるいは砂の多い土を使う場合は、土の混合割合を増し、逆に砂の少ない土では土の混合割合を減らします。バーミキュライトには粒子の大きさのちがう２種類があり、ときには細かい微粒子を除いて、排水をよくすることも必要です。ピートモスはかなり酸性が強いので、酸度調整が必要です。

表11-2 各種の土壌改良材

名　前	材　料	調　整　温　度	土　壌　酸　度
バーミキュライト	蛭石	1000℃	弱酸性〜弱アルカリ性
パーライト	真珠岩	800℃	中性ないし弱アルカリ性
ロックウール	玄武岩	1500℃	弱アルカリ性〜強アルカリ性
ピートモス	水苔	（堆積して泥炭化）	かなり強い酸性

Q 11-7　なぜ老化苗はよくない？

A よく苗半作といいます。良苗を用いれば収穫は半分約束されたという意味でしょう。最近では自分で種子をまかず、苗を買うことが多くなったので、良苗を選ぶ目が大事になっています。

育苗用の土は適度の通気性と保水性をもたせるため、土砂にバーミキュライトやピートモスなどの土壌改良材を混合したコンポストが使われます。しかし、業者によっては灌水の手間を省くため、乾燥しにくい土を用いている場合があり、また日陰に置いたりして、生育のよくない苗をよく見かけます。

根の生育が悪くて茎葉の生育も抑えられたこうした苗を、老化苗と呼びます。老化苗は根に障害を受けているため、よい条件においてもスムースに生育せず、茎葉の展開も遅れます。苗を購入するのは、根が黒変していないか、

また水のたまったところに置かれていないか、葉の周辺が乾いて裂けたりしていないかなどを、十分に確認してからにしてください。

Q 11-8 なぜウイルスフリーで苗ができる？

A　ウイルス除去は薬剤防除では困難で、栄養繁殖をする野菜では、ウイルス感染による品質低下が大問題となります。種子繁殖される植物では、胚は新しく形成されるため無病ですが、それを包んでいる種皮や果皮にはウイルスに感染していることがあります。また栄養繁殖される野菜の中でもバナナ、イチゴ、ニンニク、レンコンなどは古くから栽培されてきているため、いずれもウイルスに感染していない親株を見つけるのは非常に困難です。

しかし、ウイルスに感染した植物でも、茎頂の分裂組織までにはウイルスは侵入していません。また、茎頂では細胞分裂を盛んに行なっているため、新しく分裂した細胞では、ウイルスの感染度はさらに低くなります。そこで、分裂組織と分化したばかりの1枚の幼葉をつけた0.2mm程度の分裂組織（図11-5）を切り出し「分化全能性」（25ページ）を利用して培養すると、ウイルスに感染していないウイルスフリーの植物をつくることができます。小さい組織ほどウイルスフリーの成功割合は高くなりますが、苗の育成割合は低くなります。

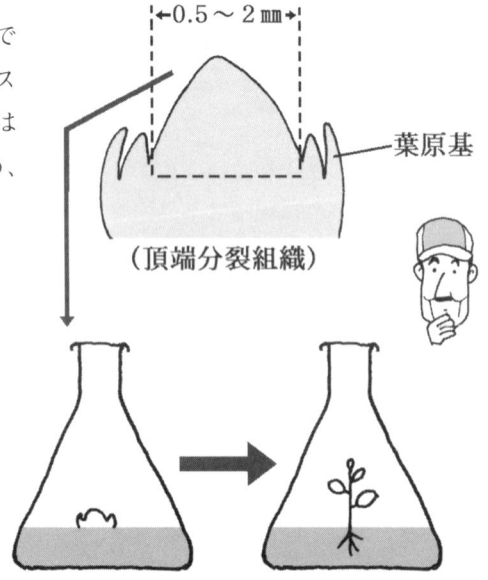

図11-5　ウイルスフリー苗の育成
分化したばかりの幼葉をつけた分裂組織を培養することで無病の苗をつくることができる

11章 生育と栽培技術 ― 基本のおさらい

　もっとも多くウイルスフリー植物が育成されているのは、イチゴです。通常は府県などの試験機関でウイルスフリー植物が組織培養で育成され、隔離圃場でそれを原種として増殖され、できたフリー苗が農協などを通して生産者に配布されています。栽培地では土壌消毒をすること、またウイルスを媒介する昆虫などからの再感染を防ぐ必要があります。

　ウイルスフリーになった植物では生育が旺盛になり、施肥量を通常より少なくする必要があります。また、イチゴの例でもフリー苗をさらに選別することにより、優良系統を新たに育成できることもあります。

もう一言

「シードポテト」ってどんなもの？

　ジャガイモも栄養繁殖される野菜です。現在、世界的に問題となっている食料飢餓に対応するため、その栽培が発展途上国でも広がっています。これらの栽培地は不良地が多く、フリー苗を植えても再感染率が高く、種子をつけさせてウイルスを除いたシードポテトの普及が図られています（図11-6）。

　シードポテトはイモの分割で殖やすのでなく、種子で殖やすジャガイモのことです。一般に種子で殖やす場合にはウイルスの汚染はないので、このシードポテトはウイルスフリーになっています。シードポテトは収穫までにやや時間がかかりますが、取り扱いは容易になります。繁殖効率のよくないサトイモ、ヤマノイモ、あるいはイチゴやトウガラシでも、種子からの大量増殖の可能性が調べられています。

図11-6　シードポテトの発芽（上）と、種子から育ててウイルスを除いたジャガイモ（右）　　（タキイ種苗㈱提供）

Q 11-9 べたがけがよいってきいたけど、何がいいの？

A ハウス栽培に比べ、露地栽培では苗の活着が定植時の気象条件によって大きく左右されます。たとえば、根が十分張らないうちに強風が吹くと、葉から水分が奪われ、根が活着できない要因になります。根が活着しないうちに害虫に加害されると、その被害も大きなものとなります。

しかし、定植後に野菜ごと畦をカンレイシャや不織布などで覆うことで、風や虫の害を防ぐことが可能になり、活着も促進して植え傷みの減少につながりました。この被覆はべたがけと呼ばれ、昭和63年ころから普及してきました。

台風がよく襲来する台湾などでは、植物そのものを覆うだけでなく、人の頭くらいの高さにもカンレイシャを被覆して二重に覆っています。最初の1枚は乾燥防止や虫除けのため、2枚目はおもに強風で葉が折れたり、お互いが擦れ合って傷んだりしないためで、この二重がけによって、風害のないよい作物を収穫しています。

対象となる作物はさまざまですが、おもには乾燥害や害虫の被害を受けやすいコマツナやハクサイなどの葉菜類が多いようです。

カンレイシャは目が粗くむれたりすることもありません。またこの資材は何度でも使えるので、経費的にも安価です。

Q 11-10 化学施肥の何が問題なのか？

A より多くの収穫を期待して、これまで必要以上の施肥量が土地に投入されてきました。土に過剰の肥料が含まれていると、それが降雨などで地下水を通り川に流れ出て、ほかの畑や河川を富栄養化し、ミジンコやプランクトンを大量発生させて生態系を攪乱することになります。

また、野菜はチッソを硝酸塩やアンモニア塩のかたちで根から吸収し、これと光合成でつくった炭水化物から、さらにアミノ酸やタンパク質をつくっています（図11-7）。しかし、施肥量が適量であっても、曇天だったり気温が下がったりして十分に光合成が行なわれないと、吸収した硝酸塩が利用され

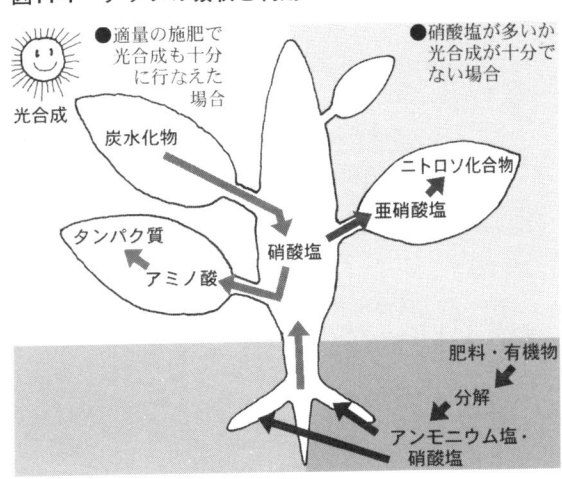

11章 生育と栽培技術 — 基本のおさらい

図11-7 チッソの吸収と利用

ないでそのまま植物体内の中に残ります。そのような野菜には、多量に硝酸塩が含まれており、もし人間が食べると、それが体内で亜硝酸に変化すると、発ガン性物質であるニトロソ化合物になることが指摘されています。

ただ、通常摂取する程度の硝酸塩であれば、それ自体、とくに人体に有害なものではありません。しかし、日本ではまだ規制はありませんが、EU（ヨーロッパ連合）ではレタスとホウレンソウなどについて硝酸塩の基準値を決めて注意を呼びかけています。わが国でも以前の野菜品種は、多肥条件下でも過剰な栄養生長をしないものでしたが、最近では少肥条件下で正常に発育する品種育成に変わってきています。

Q11-11 肥効調節肥料って何？

A 十分な量の有機物を入れなくなった土壌や、連作土壌では微量要素の不足がおこりやすくなっています。また、肥料は元来生育に応じて吸収されることが望ましく、さらにチッソ、リン酸、カリそれぞれで、要求時期が異なります。

そこで近年、さまざまな肥効調節肥料が開発されています。この肥料は、肥料成分の溶出を栽培環境に応じて変えるもので、水溶性の粒状肥料を被覆した被覆肥料や、亜硝酸ガス障害を抑えるため硝

酸化成抑制剤を添加した硝酸化成抑制剤入り肥料などがあります。

また、省力化の点から全量を元肥で施肥するが、徐々に吸収される緩効性肥料も開発されています。

Q11-12 生物的防除ってどんなこと？

A ある種の害虫は、野菜を加害するだけでなく、病気を媒介することもあります。害虫防除を薬剤にだけ頼るのでなく、天敵の利用が可能になれば防除効果は飛躍的に増加します。

薬剤ではなく天敵などによる防除を、生物的防除と呼びます。施設栽培では、露地に比べて生態系は単純なため、病虫害発生の初期に完全に防除しておけばよいのですが、手遅れになると病虫害は多発し、いったん抵抗性をもってしまうとその撲滅はきわめて困難になります。そのため、化学的薬剤だけに頼らない、生物的防除が求められています。

日本では、1995年にチリカブリダニとオンシツツヤコバチが、ハダニ類、オンシツコナジラミに対する天敵農薬としてはじめて登録され、その後現在までに15種の天敵が登録されています（**表11-3**）。またある糸状菌の微生物農薬は散布しても天敵昆虫には害を与えないで、コナジラミやアザミウマを防除する効果があるため、その導入が検討されています。コナガやハスモンヨ

表11-3　おもな天敵昆虫、ダニ製剤

農業の種類	対象作物	対象病害虫
イサエア ヒメコバチ剤	トマト、ナス（施設栽培） 野菜類（施設栽培）	マメハモグリバエ ハモグリバエ類
オンシツツヤコバチ剤	野菜類（施設栽培） トマト、ミニトマト（施設栽培） 野菜類（施設栽培）	コナジラミ類 オンシツコナジラミ オンシツコナジラミ
チリカブリダニ剤	野菜類、インゲンマメ（施設栽培）	ハダニ
ククメリス カブリダニ剤	野菜類（施設栽培） ホウレンソウ（施設栽培）	アザミウマ類 ケナガコナダニ
コレマン アブラバチ剤	野菜類、ナス（施設栽培） イチゴ、ピーマン、キュウリ、 メロン（施設栽培）	アブラムシ類 ワタアブラムシ
アリガタシマ アザミウマ剤	野菜類（施設栽培）	アザミウマ類

トウの防除には、天敵の利用以外にフェロモンによる誘殺も期待されています。

　天敵昆虫を効果的に利用するためには、作物のそばにエサとなる害虫と、その害虫が棲息できる植物も必要です。自然な環境では多様な植物や昆虫が棲み分け、バランスがとれていることが重要です。その意味で、総合的生物多様性管理（IBM）の重要性がいわれていますが、これは自然な生態系を維持することにほかなりません。

Q11-13 マリーゴールドやネギ類を作物と一緒に植えたりするのは、なぜ？

A 　センチュウ（ネマトーダ）は土の中にいるミミズ様の小さな虫で、根や葉の中に侵入し、生育や収量を低下させるだけでなく、種々の病害を誘発するやっかいな害虫です。マリーゴールドはキク科の観賞植物で、野菜の周囲に植えておくとセンチュウの駆除効果があり、また収穫後土にすき込むのも効果的です。フレンチとアフリカンの2種類がありますが、駆除効果に差はありません。マリーゴールドはサツマイモネコブをはじめ、キタネグサレなど多くの種類のセンチュウ密度を抑制するため、できれば前作しておきたいものです。

　また、ネギの仲間を輪作として栽培することにより、キュウリなどではツルワレ病やネコブセンチュウの寄生度を減少させることが知られています。

Q11-14 輪作、間作、混作…いろいろあるけど、どうちがう？

A 　輪作とは、同じ畑に3～4年間隔で、異なる何種類かの作物を栽培することであり、その反対に同じ畑に毎年同じ作物を栽培することが連作です。近年では経済効率を上げるため、大産地ほど大規模な連作を続ける傾向にあります。

　一方、間作は主要作物を植えている株と株の間や、畦と畦の間にほかの作物を後から植えて栽培するやり方です。また、混作は種類のちがう作物を混播したり、同じ畑に同時に畦を替えて交互に植えることで、採種をする際には異なる二系統を混作します。

連作を続けると病虫害が多発するようになったり、生育が低下したりする傾向にあるため、十分な対応するか輪作に戻すことが重要です。

Q11-15 アレロパシーって、どんなこと？

A 連作すると、病気にかかっているわけではないのに、生育が低下することがあります。その際は、特定の肥料成分が多すぎたり、あるいは少なすぎたりするわけではなく、土壌中にある特定の化学物質が影響しているものと思われます。このような物質は、忌地物質と呼ばれます。

植物は多かれ少なかれ、いろんな代謝物質や老廃物を根や葉などから排出しており、それがほかの植物の生育に影響を与えることが知られています。栽培されている植物同士はお互いに影響しあっており、このことをアレロパシー（他感作用）といいます。

根から排出される物質の作用もアレロパシーの一つで、本来は、ほかの植物の生育を抑える働きをもっていたのではないかと思われます。

12章 野菜の名前 — クレソンとウォータークレスは同じ野菜？

Q 12-1 サニーレタスとリーフレタスは同じ野菜？

A どの野菜にも名前（和名）はついていますが、流通段階や店頭では略名で呼ばれることがよくあります。結球しないリーフレタス群の中に、縮れた葉で赤紫色をしたサニーレタス（商標名）という品種がありますが、今ではそれが植物名のようになっています。同様に、'プリーツレタス'（商標名）もリーフレタスの１つですが、別の植物名のようになっています。また、ハツカダイコンは、市場関係では英名のラディッシュがなまってラレシと呼ばれることもあります（表12-1）。

表12-1 一般的な名前との違い

和名	流通名	備考
リーフレタス	サニーレタス	商標名
リーフレタス	プリーツレタス	商標名
ラッキョウ	エシャロット	商標名
ネギ	博多万能ネギ	商標名
ラディッシュ	ラレシ	ハツカダイコン
青ジソ	オオバ	大葉
ピーマン	パプリカ	
シュンギク	新菊	
トウモロコシ	スイートコーン	
エンドウ	グリンピース	

Q 12-2 野菜の呼び名は地方地方でだいぶちがいますが…？

A 日本には、海外から多くの野菜が入ってきています。それらの野菜の渡来時期と利用形態は場所によって異なるため、各地で野菜の名前がちがうことがあります（表12-2）。

西日本のネギは青ネギですが、東日本では根深ネギになります。関東では冬の寒さがきびしく、土寄せをしてネギを育てるため、白くて柔らかくなります。それに対して、関西では冬の寒さはさほどきびしくないため、青い葉ネギとして育ちます。

125

場所によってもっとも名前のちがうのは、マメ類でしょう。インゲンマメは関西ではサンドマメと呼ばれ、フジマメをインゲンマメと呼ぶ傾向があります。また、カボチャは西日本ではナンキンですが、東日本ではトウナスと呼ばれる場合もあります。トウモロコシも西日本では、ナンバあるいはナンバンキビで通ります。シュンギクは京都ではキクナとも呼ばれ、一方、京野菜のミズナは東日本でキョウナと呼ばれます。

表12-2　地域による名前のちがい

	和　名	西　日　本	東　日　本	ほか
葉菜	フダンソウ	ウマイナ	フダンソウ	
	シュンギク	キクナ	シュンギク	
	ミズナ	ミズナ（ミズナ、ミブナ）	キョウナ（京菜）	
	ネギ	青ネギ、葉ネギ	根深ネギ	
果菜	カボチャ	ナンキン	トウナス	ボウブラ（九州）
	インゲンマメ	サンドマメ、ササゲ、フジマメ	インゲンマメ	ササゲ（北海道、東北）
	フジマメ	インゲンマメ	フジマメ	
	トウモロコシ	ナンバ、ナンバンキビ		トウキビ、キビ（北海道）
	トウガラシ			ナンバン（東北）、コショウ（九州の一部）
	ツルレイシ（ニガウリ）			ゴーヤ（沖縄）
根菜	カブ	カブラ	カブ	
	ジャガイモ			甲州イモ（長野、新潟の一部）、信州イモ（埼玉、岐阜、静岡の一部）

Q 12-3　クレソンとウォータークレスは同じ野菜ですか？

A　クレソンはフランス語、ウォータークレスは英語で、呼び方はちがえど同じ野菜です。

　野菜の名前には、和名以外に英名とフランス名がありますが、このところ和名にかわって英名がよく使われてきています。戦後に多くの野菜が入ってくるにつれ、野菜の名称が混乱してきました。そこで農水省では、昭和58年に西洋野菜などを英名で統一しました。ただし例外もあって、それまでのオランダガラシはフランス名のクレソンとされました。しかし、英名のウォータークレスで呼ばれることも多いようです。

　そのほか、カブラハボタンはコールラビに、キクジシャはエンダイブに、ニラネギはリーキ、火焔菜（サンゴジュナ）はビートに統一されています。

　しかし、料理関係ではフランス名が

12章 野菜の名前 — クレソンとウォータークレスは同じ野菜？

使われる傾向にあります。レタスによく似た淡黄色で少し苦みのあるチコリー（英名）は、アンディーブと呼ばれます（表12-3）。チコリーに間違われやすい、葉に縮みがあり緑色のエンダイブは英名で、フランス名はシコレになります。さらに、ラッキョウと間違えられやすいエシャロットは、本来は小型のタマネギで、香味のよいことからフランス料理に用いられますが、この英名はシャロットです。料理に用いられる月桂樹の葉は、英名がベイまたはベイリーフで、フランス名はローレルです。

表12-3 英名とフランス名のちがい

和名	英名	フランス名
キクニガナ	チコリー	アンディーブ（調理上）
キクヂシャ	エンダイブ	シコレ
ワサビダイコン	ホースラディッシュ	レフォール
オランダガラシ	ウォータークレス	クレソン
シャロット	シャロット	エシャロット
ニラネギ	リーキ	ポワロー（ポロー）
ツクリタケ	マッシュルーム	シャンピニオン
月桂樹	ベイ、ベイリーフ、ローリエ	ローレル

Q 12-4 花椰菜って、どんな野菜ですか？

A 花椰菜（はなやさい）はカリフラワー、緑花椰菜はブロッコリーのことで、木立花椰菜ともいいます（表12-4）。導入当初は漢字名でしたが、その後はカタカナ表記が主流になりました。

また萵苣（チシャ）はレタス、蕹菜（ヨウサイ）はクウシンサイあるいはアサガオナで、洋芹（オランダゼリ）はパセリのことです。苦瓜（レイシ）はニガウリのことで、沖縄ではゴーヤになります。馬鈴薯、甘藷はそれぞれご存知のジャガイモ、サツマイモです。

チンゲンサイ・パクチョイは明治の始めに入り、それらから体菜（タイサイ）、四月白菜（シガツシロナ）などができています。そこでチンゲンサイ・パクチョイは、元の名前で再デビューということになります。

表12-4 漢字名にかわる新しい名前

カタカナ名	漢字名
カリフラワー	花椰菜
ブロッコリー	緑花椰菜、木立花椰菜
レタス	萵苣（チシャ）
クウシンサイ、エンサイ、アサガオナ	蕹菜（ヨウサイ）
ルバーブ	大黄
パセリ	洋芹（オランダゼリ）
ニガウリ	苦瓜（レイシ）
ジャガイモ	馬鈴薯
サツマイモ	甘藷
チンゲンサイ	青梗菜
タアサイ	如月菜（キサラギナ）、搨菜（タアサイ）
ターメリック	鬱金（ウコン）
コリアンダー	香菜（シャンツァイ、タイ名はパクチー）

Q 12-5 シシトウは品種名？

A シシトウやトウガラシ、ピーマンはすべてトウガラシ類に属する野菜で、これらは品種（分類品種）と呼ばれています。ただし、これらの品種の多くは園芸上の分類単位であり、種苗会社などから販売されている品種とは異なります。また、植物分類学上でも品種（フォーム）という単位があるため、注意が必要です。そこで、種苗会社などから販売されているような品種はとくに栽培品種とか園芸品種と呼ばれ、分類上の単位と区別しています。

この栽培品種、たとえばピーマンの中にも'エース''京波''京みどり'などたくさんの品種が売り出されており、これらの商業的品種名の前後には引用符（' '）をつけて書きます。ダイコン類には'聖護院ダイコン''桜島ダイコン'などがありますが、これらもやはり栽培品種です。'聖護院ダイコン'の中には、さらに'早太り聖護院''冬どり聖護院'などがあります。

なお、この栽培品種には、種子以外の栄養繁殖で殖やされるサツマイモ、レンコン、イチゴなども含まれます。

Q 12-6 西洋カボチャと日本カボチャのちがいは何？

A 同じカボチャでも、その中には西洋カボチャ、ペポカボチャなどいくつか形態的にも成分的にも異なる種類が含まれます（**表12-5**）。

日本カボチャは室町時代に日本に入った種類で、暖かい気候を好むため、西日本で広く栽培されました。果実は扁平で10本のヒダがあり、果実をつけ

表12-5　分類上のちがい

和　名	種　類
カボチャ	西洋カボチャ（栗カボチャ）、日本カボチャ、ペポカボチャ（ズッキーニ）
メロン類	メロン（ネットメロン、カンタロープ、ウインターメロン）、マクワウリ、シロウリ
レタス	結球レタス、サラダ菜、リーフレタス
トマト	トマト、ミニトマト、加工用トマト
トウモロコシ	デントコーン、スイートコーン、ポップコーン、ベビーコーン
トウガラシ	シシトウ、トウガラシ、ピーマン、パプリカ
ヤマノイモ	ヤマイモ、ジネンジョ、ダイショ
イチゴ	一季成り、四季成り、デイニュートラル

ている果梗は五角で硬く、淡黄色あるいは暗緑色をしています。

一方、西洋カボチャは幕末に渡来したものです。果実にヒダはなく丸形をしており、果梗も丸形でやわらかく、一般にだいだい色です。果肉はデンプン質で甘くて味はよいのが特徴です。

そのため、青緑色で風味のよい芳香青皮栗カボチャなどが育成されており、現在では'エビス'などの栽培がもっとも多くなっています。

また、ペポカボチャにはソウメンカボチャやズッキーニが含まれます。

Q 12-7 パプリカはピーマンの仲間ですか？

A 近年急速に消費が伸びてきていますが、まだ名前が十分確立していないものにパプリカがあります。これはカラーピーマンのことです。赤、黄、緑色などカラフルで、完熟しても柔らかく辛みや臭みがなく、サラダや料理の彩りなどいろんな用途に使えます。

エンドウでは、未熟のものをさやごと食べるサヤエンドウ、実を食べるのが実エンドウです。最近では、未熟の実とさやの両方を食べるスナップエンドウ（注）や、若い茎葉を食べる豆苗（トウミョウ）がふえてきています。

また、同じ名前でもハーブとして利用されるものと野菜として利用されるもののあるフェンネルや、分類上はゴボウアザミなのにゴボウの扱いにされているヤマゴボウなど、誤解から間違った名前で呼ばれる例があるので、注意が必要です（表12-6）。

（注）スナッツエンドウという名称もあったが、現在ではスナップエンドウに統一されている。

表12-6 まちがった名前

和　名	流通名
イタリアン・フェンネル （イタリアウイキョウ、フローレンス・フェンネル）	フェンネル
モリアザミ（ヤブアザミ、ゴボウアザミ）	ヤマゴボウ

もう一言

スイカは果物、それとも野菜？

　スイカはメロン、イチゴとともに果物屋に並んでいますが、野菜に分類されています。それは、カキやミカンなどは木になる果物で、永年生植物なのに対し、スイカは毎年苗を植える1年生の草本だからです。このように、生育サイクルおよび草本か木本かといった点から、スイカは野菜に分類されているのです。

　しかし、植物学的にはスイカやメロン、イチゴなどはいずれも果実であり、その点はカキやミカンと同じです。熱帯では、果樹も野菜となり、未熟なマンゴーの果実、ヤシやアカシアの新梢、バナナの花などをスライスして野菜としてよく食べています。

用語の解説

五十音順、解説の最後に付けた数字は参照ページ

青ネギ、根深ネギ
（あお——、ねぶか——）
：関西で周年栽培される葉ネギが青ネギで、関東で土寄せして軟白されるのが根深ネギ。50, 125, 126

アブシジン酸
（————さん）
：老化を促進する作用をもち、とくに器官の離脱を促進したり、休眠に関与する植物ホルモン。99, 100, 108～110

雨よけ栽培
（あま——さいばい）
：トマトなど収穫期近くでは降雨によって裂果がおこるのを防ぐため、あるいは病害発生を抑えるため、プラスチックフィルムで野菜の上部を覆う栽培。

アレロパシー
：生長している植物同士はお互いに影響しあっており、その作用のことで他感作用とも呼ばれる。124

暗渠
（あんきょ）
：畑地などで溝やパイプを利用して排水する設備で、地中などにあって見えないのが暗渠、地上部の排水溝を明渠と呼ぶ。114

維管束、木部、師部
（いかんそく、もくぶ、し——）
：植物の根から茎や葉には通導組織が発達しており、根からの養水分を葉に運ぶ木部と、葉からの光合成産物を貯蔵器官に運ぶ師部からできている。これらをまとめて維管束と呼ぶ。20

一巡植物、多巡植物
（いちじゅんしょくぶつ、たじゅん————）
：一巡植物では花が一度咲くと種子ができて植物は枯れるが、多巡植物では毎年花が咲き、また株際から新しいわき芽が伸びてくる。17

一季成り、四季成り、デイニュートラル
（いっきなり、しき——）
：イチゴの品種群で、短日・低温で花芽形成の誘導されるのが一季成。花芽形成に特定の条件を必要としないのが四季成。両者の中間的性質をもつように、近年育種されてきたのがデイニュートラル。64

忌地物質
（いやちぶっしつ）
：連作されると植物の種類、たとえばエンドウなどでは、根から生長を抑えるような物質を出すことが知られており、その物質のこと。124

ウイルスフリー
：茎頂分裂組織などを培養することにより、ウイルスに罹病した個体からでも、ウイルスに感染していない植物を育成できる。44, 118, 119

エチレン
：植物がつくる唯一気体状の植物ホルモンで、老化を促進する作用をもち、とくに果実の成熟を促進する。99, 108～110

NFT
（えぬえふてぃー）
：養液栽培の一つで、養液を膜状に流した栽培槽で、植物を栽培するやり方。44

F1種子（一代雑種）
（えふわんしゅし、いちだいざっしゅ）
：特定の性質について異なる品種間の交配で育成され、よい性質が揃って出るように育成された種子。その花を自家受粉しても、次代には性質がそろわなくなるため一代雑種ともいわれる。16

MH（マレイン酸ヒドラジド）
（えむえいち、——さん——）
：わき芽の生育を阻害する特性をもち、タバコのわき芽防止、ジャガイモの萌芽防止効果をもつ化学物質。商品化は現在中止している。94

横地性
（おうちせい）
：根は一般に重力方向に、茎はその反対方向に生長するが、ジャガイモの側枝やレンコンの地下茎は水平方向に伸びる、その性質のこと。107

131

オーキシン	：単為結果を誘導したり、発根を促進したりする作用をもつ植物ホルモンで、インドール酢酸がその代表。2、4-Dは似た特性をもつ化学物質。99〜101, 103〜110
温床育苗 （おんしょういくびょう）	：堆肥の発酵熱や電熱線を地中に配線し、サーモスタットを用いて一定温度に保って行なう育苗法。116
開花ホルモン （かいか———）	：日長や温度刺激により生産され、花芽分化をおこすと考えられているフロリゲンやバーナリンなどの物質。62, 63
核 （かく）	：細胞は核と細胞質からなり、核の中に遺伝情報が遺伝子として入っている。
果実 （かじつ）	：受粉・受精によって形成された器官で、内部に種子を含み、子房が発達してそれを取り囲んでいる。78〜81
花床 （かしょう）	：花をつけているもっとも先端の茎で、花弁、雄しべ、雌しべなどの花器がついている。80
花成 （かせい）	：花芽形成が温度や日長あるいは栄養条件などで誘導されてから、花芽が発達して開花するまでを総称して花成と呼ぶ。55
間作、混作 （かんさく、こん——）	：主要な作物を植えた畑の株や畦の間にほかの作物を栽培するのが間作で、種類の違う作物を畦を変えて交互に植えるのが混作。123
かんざし苗、つるぼけ （———なえ、———）	：栄養状態が悪かったり乾燥したりすると、キュウリの茎の先端にはたくさんの花、とくに雌花がかんざし状につき、葉の生育が劣る。一方カボチャ、スイカやトマトでは、肥料などが効きすぎて葉が過繁茂することがあり、このつるぼけになると花（とくに雌花）のつきが悪くなる。22, 23
キュアリング	：サツマイモの収穫後、高温・多湿に置くことで傷口にコルク層を形成させ、腐敗防止・貯蔵性をもたせる処理。94
休眠 （きゅうみん）	：生長に適した環境でも生長を一時停止した状態で、芽の休眠と種子の休眠がある。14, 15, 90〜98
休眠打破 （きゅうみんだは）	：休眠状態にある植物に日長、温度あるいはホルモン処理などをすることにより、生長できるようにすること。97
休眠誘導 （———ゆうどう）	：温度あるいは日長などの環境条件により休眠が引きおこされること。96
共生 （きょうせい）	：マメ科植物の根に着く根粒菌のように、土壌微生物には根が分泌する物質を利用し、また有機物などを根が吸収できるよう分解する種類があり、このような植物と微生物の関係のこと。38
極性 （きょくせい）	：オーキシンは茎の頂部から基部に選択的に移動する性質があり、茎切片の先端側から芽が出て、基部側から発根する。105
茎挿し （くきざし）	：トマトなど、若い茎を挿し床に挿し、発根をさせる栄養繁殖法の1つ。103
果物 （くだもの）	：ミカンやカキなど、糖分やビタミンを嗜好的にとるために食べる、永年生の木になる果実。130

用語の解説

グロースリターダント	：ジベレリンと反対の作用をもち、茎の伸長だけを抑制する化学物質で、SADHやCCCがその代表。63, 99, 102, 103
結球 （けっきゅう）	：葉が何枚も重なりあって、球を作ることで、茎はほとんど伸びない。キャベツなどの葉球とタマネギなどのりん茎がある。26, 27, 32, 33
限界日長 （げんかいにっちょう）	：ある長さ以下あるいは以上の日長で、花芽が形成されるときのこと。質的要求のときには明確になるが、量的要求のときには明らかではない。58
光合成光量子束密度 （こうごうせいこうりょうしそくみつど）	：光合成は光の粒子である光量子の数に左右される。そこで、光合成に有効な光強度を表すには、この光量子の個数で表現した光合成光量子束密度が使われ、単位は$\mu mol\ m^{-2}s^{-1}$です。20
好光性種子、嫌光性種子 （こうこうせいしゅし、けんこう———）	：光のあるところで発芽が促進されるのが好光性種子で、抑制されるのが嫌光性種子。12, 13
硬実種子 （こうじつしゅし）	：種皮が固くて吸水や空気の通りが悪いクローバーやオクラなどの種子のことで、浸漬するか果皮に傷をつけて発芽を促進する。15
光周性 （こうしゅうせい）	：花芽形成が短日あるいは長日など、昼間の長さが一定のときに誘導される性質。実際の花芽形成の誘導は、夜の暗期におこっている。56, 58
洪積土、沖積土 （こうせきど、ちゅうせき—）	：岩石が風化してできた土は、風雨や流水などに運ばれて運積土となる。そのうち山地近くにはやせ土の洪積土が分布して主に畑地となり、それよりやや細かい土砂からなる肥沃な沖積土は河岸近く分布して主に水田となる。
光中断（暗期中断） （こうちゅうだん、あんき——）	：短日植物を短日条件下で育てても、真夜中に短時間照明すると花芽が形成されなくなるように、暗期での花成誘導作用が打ち消されること。59, 64
耕土、心土 （こうど、しん—）	：栽培七壌のうち、耕耘したりして根が分布している部分が耕土で、それより下にある部分が心土。
個体選抜 （こたいせんばつ）	：交配組みあわせでは優秀な性質をもった父本、母本を選抜して交配することが重要になり、その選抜のこと。16
固定種 （こていしゅ）	：固定種は、形態や性質などの似た個体間で掛けあわせで育成された種子で、自家受粉してもほぼ同じ性質をもった種子ができる。16
コンポスト	：育苗中の根の生育に適するように、保水性と通気性のある土壌改良材を混ぜた有機質配合土のこと。117
根毛 （こんもう）	：根の吸収帯にある細毛状組織で、養分吸収を行なう寿命は短く、つねに新しい組織が更新されている。35
サイトカイニン	：わき芽の発育を促進したり、養分吸収をおこさせたり、細胞分裂を促進する作用をもつ植物ホルモンで、カイネチンやベンジルアデニンがその代表。99, 100, 106〜109
サニーレタス	：リーフレタスの系統で、本来はサニーレタスという商標名であったが、縮れた葉で赤紫色のグループ名となっている。125

シードポテト	：ウイルスの感染を除くため、種子繁殖で増殖されたジャガイモのこと。48, 119
しいな	：受精が不十分であったり、養分や環境条件が適正でないと内部発育の不十分な種子になり、発芽はできないで、しいなと呼ばれる。14
自家受粉、他家受粉 (じかじゅふん、たか———)	：同じ個体の花の間で、雄しべの花粉が雌しべの柱頭に付着することが自家受粉。ちがった個体の雌しべの柱頭に付着することが他家受粉。80
直播き、育苗 (じかまき、いくびょう)	：マメや根菜類と側根の弱いホウレンソウの種子は畑に種子を直播きし、育苗期間の長いナスやトマトなどは育苗してから畑に植える。10, 11
自家不和合性 (じかふわごうせい)	：同じ個体間で受粉・受精が正常におこらないこと。ちがった系統の個体を近くに植えておくと、その間では雑種ができる。
子室 (ししつ)	：心皮に囲まれた小さな部屋で、この内部に種子が形成される。78, 79
質的要求、量的要求 (しつてきようきゅう、りょうてき———)	：光や温度が好適でなければ花芽形成できない場合が質的要求で、あまり好適条件でなくてもやがては花芽形成する場合は量的要求という。56, 57
自発休眠（内生休眠） (じはつきゅうみん、ないせい———)	：芽自体が休眠状態にあり、環境条件に関わらず生長を停止している状態。92
ジベレリン	：植物ホルモンの一つで一般に茎の伸長を促進し、休眠打破処理後のイチゴの生育を旺盛にしたり、セルリーの葉柄の伸長を促進したりする。15, 63, 99〜103, 107, 108
子房上位、子房中位、子房下位 (しぼうじょうい、———ちゅうい、———かい)	：子房が花弁、雄しべより花床の上部でついているのが子房上位。子房が、癒合した花弁、雄しべより下に着き、ともに癒合しているのが子房下位。子房下位と同様だが子房とそれらが癒合していないのが子房中位。80
集合花 (しゅうごうか)	：イチゴのように一つの花に多数の雄しべと雌しべがあり、一つの花のように見えるもの。70
シュート	：若い茎に幼葉のついた状態を総称して呼び、苗条（びょうじょう）ともいう。44, 90, 104, 105
雌雄同株、雌雄異株、両性雄性同株 (しゅうどうしゅ、———いしゅ、りょうせいゆうせい———)	：同じ株に雌花と雄花がつくのが雌雄同株、雄花と雌花が異なる株につく場合が雌雄異株で、同じ株に雄花と両性花がつくのが両性雄性同株。68, 69
珠芽 (しゅが)	：ネギ類などで花芽が発達するかわりに、花芽とともにいくつかの珠芽と呼ばれる小球ができる。47
種子春化、植物体春化 (しゅししゅんか、しょくぶつたい———)	：春化の感応時期が発芽した種子の場合とある程度生長した場合とがあり、前者を種子春化、後者を植物体春化という。56, 58
受精 (じゅせい)	：花粉が柱頭で発芽した後に花粉管が伸長し、その中の二つの核が胚珠に到達して、胚乳と胚ができること。8

用語の解説

受粉 (じゅふん)	：雄しべの花粉が風、昆虫あるいは鳥などにより、雌しべの柱頭まで運ばれること。その後、柱頭で花粉は発芽して受精がおこる。8, 55, 78, 79
春化 (しゅんか)	：発芽した種子、あるいはある程度生育した植物が低温にあたることにより、その後に花芽が形成されることで、バーナリゼーションともいう。59
植物ホルモン (しょくぶつ———)	：植物体内で生産され、極微量で生長と発育、たとえば発根や茎の伸長、果実形成などを制御する物質。63, 82, 99, 100, 108, 109
真果、偽果 (しんか、ぎか)	：受粉・受精して子房が肥大してできたトマトなどの果実が真果で、子房とともに花床組織が肥大してできたキュウリやイチゴの果実は偽果。80
人工受粉 (じんこうじゅふん)	：育種目的あるいは種子・果実形成を目的として、人為的に雄しべの花粉を雌しべの柱頭に受粉させること。79, 80
心止まり (しんどまり)	：茎の先端では葉を分化しながら茎が伸長しているが、病虫害あるいは生理的、遺伝的な影響で先端の生育が阻害され、主茎が生育できなくなること。54
心皮 (しんぴ)	：花を構成する花器はすべて葉の変形で、子房も心皮と呼ばれる数枚の葉の変形が集まってできている。78, 86
水生植物 (すいせいしょくぶつ)	：ミツバ、セリ、クワイなど、多湿な場所を好んで生育する植物。114
す入り (―いー)	：根が急激に肥大した際に同化産物の供給がともなわず、内容物のない細胞・組織ができ、繊維質で老化した組織になる障害。41
鋤床 (すきどこ)	：トラクターなどの耕耘によりでき、固くて根が伸びていけない土層のこと。37
スナップエンドウ	：さやと実の両方が食べられるエンドウの系統。129
整枝 (せいし)	：植物の茎や伸びたわき芽を切って形を整え、風通しや採光をはかり、生育を促進すること。73〜75
生長調節物質 (せいちょうちょうせつぶっしつ)	：天然の植物ホルモンと同じ作用をもち、化学的に合成される物質で、広義では植物ホルモンを含む。00
生物的防除 (せいぶつてきぼうじょ)	：化学薬剤ではなく、天敵、フェロモンなどによる防除のこと。122
西洋系、東洋系 (せいようけい、とうよう——)	：多くの野菜は中央アジア起源のものが多いが、ホウレンソウやニンジンなど東西に伝播して発達したものを東洋系あるいは西洋系と呼ぶ。72, 111
舌状花、筒状花 (ぜつじょうか、とうじょうー)	：キク科などで見られる小花で、周辺部の舌状花は雌性花、中央にある筒状花は両性花となっている。70
セル苗 (——なえ)	：セルトレイと呼ばれる育苗箱を用い、大量のそろった苗育成が可能になり、育苗効率も向上してきた。
繊維根、主根 (せんいこん、しゅ——)	：ダイコンなど双子葉類では太い主根と細い繊維根ができるが、タマネギなど単子葉類では細い繊維根だけが発達する。10, 34, 39〜41

痩果 (そうか)	：果皮が薄くてかた果実で、中に種子は1個あり、イチゴでは果肉の表面に多数ついている。70, 80, 107
早熟栽培 (そうじゅくさいばい)	：施設下で育苗した苗を、苗だけホットキャップで覆うか、あるいは畦ごとトンネルなどの被覆下に定植し、その後気温の上昇にしたがい覆いを除く栽培。115
相対的休眠 (そうたいてききゅうみん)	：冬期間、地上部の生育が抑制され休眠状態に入っているが、完全にはその生育が停止していない、イチゴなどの休眠のこと。93
属、種 (ぞく、しゅ)	：分類上の単位で、科の下に属、その下に種という分類がある。
促成、半促成、抑制栽培 (そくせい、はん———、よくせいさいばい)	：普通栽培に比べ早く栽培するのが促成栽培で、逆に遅いのが抑制栽培。促成栽培は全期間施設下で栽培するが、半促成栽培は生育の前半だけ施設を利用する。イチゴの抑制栽培の遅い場合では、促成栽培へと連続していく。96, 97, 115
組織培養 (そしきばいよう)	：茎や葉、根の一部分を材料として、試験管内などで培養することにより、無病苗を育成したり大量増殖ができる。119
脱春化 (だつしゅんか)	：低温効果が安定するまでに高温にあたると、その作用が打ち消され花芽ができなくなることで、ディバーナリともいう。59
他発休眠（強制休眠） (たはつきゅうみん、きょうせい———)	：内的に休眠は打破されているが、環境条件が適していないため生長できない状態。92
単為結果 (たんいけっか)	：受粉・受精することなく形成された果実で、トマトでは植物ホルモンで誘導され種子ができない。73, 81, 106
短日植物 (たんじつしょくぶつ)	：イチゴのように、花芽形成が短日条件で促進される植物。58, 59
団粒構造 (だんりゅうこうぞう)	：土壌中には土の粒子が集まって団粒構造をつくり、水分や空気を保っている。水分や空気の保持のためには、一定の大きさの団粒構造と孔隙が重要になる。23, 36, 37
短冷 (たんれい)	：イチゴなどで、休眠打破のために短期間行なう低温処理のこと。97
抽根性 (ちゅうこんせい)	：ダイコンの青首系統などでは、肩の部分が地上部より上に伸長しながら、先端部は下へ伸長する性質があり、これを抽根性という。42, 43
中心球 (ちゅうしんきゅう)	：ニンニクなどで花芽ができないためいくつかの小りん茎ができず、1つの球として発達した球。32
中性植物 (ちゅうせいしょくぶつ)	：トマトやナスなど、花芽形成が日長や温度にあまり影響を受けない植物のこと。59
抽だい (ちゅうだい)	：短縮化していたダイコンやキャベツの茎が、花芽分化するとともにトウとも呼ばれる花茎が伸び出してくること。28, 46〜48
虫媒花 (ちゅうばいか)	：蜜を集めにきた昆虫により、花粉が雌しべの柱頭まで運ばれる花。虫を誘引するため蜜やにおいを出したり、花弁が種々の色素をもち、カラフルになっている。55, 79, 80

用語	解説
蝶形花 （ちょうがたか）	マメ科に特有の花で、旗弁、翼弁、竜骨弁の3種類の花弁からできている。80, 81
頂芽優勢 （ちょうがゆうせい）	茎頂からオーキシンが極性移動するため、わき芽の生長が抑えられる性質で、摘心によりその抑制は除かれる。74, 105
長日植物 （ちょうじつしょくぶつ）	ホウレンソウのように、花芽形成が長日条件で促進される植物。59
吊り玉貯蔵 （つりだまちょぞう）	タマネギを収穫後、葉を結束して風通しのよい日陰に吊して、貯蔵性をもたせるための貯蔵法。95
摘心（芯） （てきしん）	茎の先端を除くことで、側芽の生長を促進し、分枝を増加させることができる。35, 74, 75, 105
電照 （でんしょう）	イチゴなどで、休眠打破処理後の生育を旺盛にするために行なう電灯照明のこと。64, 96
天地返し （てんちがえし）	冬季にスコップなどで土を掘り、掘り取った土を逆さまに置き、内部の土を寒さをあて病害虫を殺すとともに土壌構造を改善すること。37
天敵 （てんてき）	生物間で食べられたり寄生される関係のあるとき、その捕食者を天敵という。122, 123
トウ	ニンニクやダイコンなどで花芽形成にともなって茎が伸びてくることは抽だいで、伸びてきた茎がトウである。46, 49
土壌改良材 （どじょうかいりょうざい）	有機物、バーミキュライトやピートモスなど、土壌に加えて排水性や保湿性などの物理性および生物性を改良する資材のこと。116, 117
土壌孔隙 （どじょうこうげき）	土壌には小さな孔隙（穴）からミミズの巣穴のような大きさの孔隙（穴）があり、水分や空気を入れている。孔隙が大きすぎると降雨は流れてしまい、逆に小さすぎると水分は強く吸着されて、植物に利用できない。23
ナノメートル	ナノとは10^{-9}のことで、10億分の1を表す。ナノメートルは10^{-9}mで、単位を変えると10^{-6}mm（ミリメートル）になる。19
ナバナ	日本で古くから使われてきた和種ナタネから、観賞用や野菜用のハナナやナバナができたが、近年では種子が異なる洋種ナタネもナバナとして利用されている。51
南中高度 （なんちゅうこうど）	一日で太陽がもっとも高い位置にきたときの太陽高度。113, 114
軟白 （なんぱく）	ネギ、ウド、チコリーなど収穫期間の少し前に暗黒下で育てることにより、組織を柔らかくさせたり、苦みなどを少なくさせる処理。50, 51
南北棟、東西棟 （なんぼくむね、とうざい——）	冬季などで日陰の影響を少なくするため南北向きにハウスを建てるのが南北棟、メロン用などに東西向きに建てるのが東西棟。113
稔性、雄性不稔性 （ねんせい、ゆうせいふ———）	受粉・受精して種子ができる性質が稔性。雄性不稔性は雄しべに花粉ができないか、できても受精能力をもたない性質で、採種をする場合には袋かけや除雄作業は不要となり、採種作業は効率的になる。
バーナリン	低温遭遇にさらすことによってでき、花芽分化を引きおこすと考えられている仮定物質。62

バイオ増殖 (――ぞうしょく)	：組織培養法により、植物がもっている特性を生かして、付加価値の高い苗を急速に大量増殖すること。
胚救出 (はいきゅうしゅつ)	：種間雑種などの胚の生育が止まる前に、胚珠培養あるいは胚培養することにより、胚の発育を促進すること。
胚培養、胚珠培養 (はいばいよう、はいしゅ――)	：雑種胚の生育がとまる前に、胚あるいは胚珠を取り出して培養すれば、雑種植物の育成ができる。
葉挿し (はざし)	：観葉植物などで、葉から根やシュートを出させる栄養繁殖法の1つ。**103**
葉ジソ、穂ジソ、芽ジソ (は――、ほ――、め――)	：シソは利用部によって、葉を利用する葉ジソ、花穂を利用する穂ジソ、発芽した幼植物を利用する芽ジソに分けられる。
ハス、レンコン	：植物名がハスで、可食部である地下茎がレンコン。
発芽、出芽、萌芽 (はつが、しゅつ――、ほう――)	：発芽した後、子葉などが地上部に出てくるのが出芽で、多年生植物などで多くの芽が伸びてくるのは萌芽である。**11, 12, 13**
パプリカ	：多肉のピーマンで緑色以外に赤、黄、紫、白とオレンジ色などになり、成熟しても果皮が柔らかく辛みや臭みがない。**129**
光補償点、光飽和点 (ひかりほしょうてん、――ほうわてん)	：光が弱くて、光合成による生産量と呼吸による消費量が同じときに光合成は見かけ上ゼロになり、このときの光強度が光補償点で、これより光が強くなると光合成は促進され、その最大になったときの光強度を光飽和点という。**19, 20**
肥厚葉、貯蔵葉 (ひこうよう、ちょぞう――)	：タマネギやニンニクなどのりん茎を構成する主要な葉で、肥厚葉には葉身と葉鞘があるが、貯蔵葉は葉鞘だけからなる。**30**
品種、栽培品種、園芸品種 (ひんしゅ、さいばい――、えんげい――)	：品種は園芸上の分類単位で栽培品種あるいは園芸品種とも呼ばれ、植物分類学上の単位の品種（フォーム）や商業的品種とは異なる。**128**
VA菌根菌 (ぶいえーきんこんきん)	：糸状菌の一種で植物の根と共生関係になると、リン酸の吸収がよくなったり、生長を旺盛にすることが知られている。AM菌ともいう。**38**
フェロモン	：天然のホルモンの一つで異なる性の個体を誘引する作用があり、主には雄を誘引して防除に利用される。**123**
不時栽培 (ふじさいばい)	：ふつうの栽培時期でなく、品種選択あるいは栽培技術により、促成あるいは抑制の栽培をすること。
不定芽、不定根 (ふていが、――こん)	：挿し木などあるいは組織培養した組織から、新たに分化してできる芽あるいは根のこと。**25**
冬休眠、夏休眠 (ふゆきゅうみん、なつ――――)	：冬期の短日・低温で誘導されるのが冬休眠、夏の高温で誘導されるのが夏休眠。**93**
ブルームレス	：キュウリの果実やキャベツの葉などの表面は、ブルーム（果粉）と呼ばれる白い粉状のろう物質で覆われている。乾燥を防いだり病気の感染を防いだりしているが、一時は消費者からは農薬などと誤解され、ブルームレス台木に接ぎ木して育成されたブルームのないブルームレスのキュウリが好まれている。**22**

用語	解説
フロリゲン	：日長刺激によってでき、花芽分化を引きおこすと考えられている仮定物質。62
不和合性 （ふわごうせい）	：雄しべと雌しべの機能が正常であるのに受粉・受精が行なわれない組み合わせのこと、その性質。
分化全能性 （ぶんかぜんのうせい）	：植物細胞がもつ特性で、単細胞からでも細胞分裂して葉や茎を分化して、植物体を作ることができる。25
分げつ、分球 （ぶん——、——きゅう）	：ネギやラッキョウなどで、植えられた苗の基部のわき芽が伸びてくるか、小球をつくった場合に、それぞれを分げつあるいは分球と呼ぶ。31，32
べたがけ	：植え傷みを防ぐため、定植直後にカンレイシャや不織布などで野菜を含む畦全体を覆い、風や乾燥、害虫などから保護すること。35, 120
抱頭型、抱被型、抱合型 （ほうとうがた、——ひ——、——ごう——）	：ハクサイの結球程度には葉の重なり程度のもっとも大きい抱頭型、中程度の重なりの抱被型と触れあう程度の抱合型がある。27
ポット育苗 （——いくびょう）	：箱育苗と異なりポット育苗では養水分の制御が容易で、伝染性の病気の発生を防止できる。60
ホットキャップ	：果菜類の苗などを低温期に植える際に、低温の害を防ぐため苗だけをフィルムなどで覆い保護すること。115
母本、父本 （ぼほん、ふ——）	：交配組みあわせにおいて種子ができる側の個体が母本で、花粉を出す側の個体が父本。
本場、場違い （ほんば、ーちがい）	：採種には気候や土壌条件に加えて高度の技術が必要であり、良品質の採種ができる場所を本場と呼び、それ以外の場所は場違いと呼ぶ。
マルチ	：プラスチックフィルムなどで畦面を覆い、畦面からの蒸発、雑草の繁茂、地温の上昇を防ぎ、土面からの水のはね返りによる病気の伝染を防止できる。47
ムシゲル	：根の先端部には粘質の有機物で覆われたムシゲルと呼ばれる部分があり、土壌中の微生物にはこのムシゲルを利用して増殖しているものがある。38
メリクロン	：優れた特性をもつ植物の分裂組織を培養することにより、大量に増殖される栄養系のこと。
養液耕 （ようえきこう）	：土を使わない栽培で、水耕栽培といういい方から変わってきており、現在ではＮＦＴが一般的に用いられる。35
葉球 （ようきゅう）	：双子葉植物のキャベツやレタスなどで、横長の葉が重なりあってできた球。26, 27
葉鞘 （ようしょう）	：単子葉植物の葉は葉身と葉鞘からなり、葉鞘が重なりあって茎の役割をしている。30
要水量（蒸散係数） （ようすいりょう、じょうさんけいすう）	：植物の乾物１ｇを生産するのに必要な水分量（ｇ）が要水量で、蒸散係数とも呼ばれる。23

ランナー、子株 (———、こかぶ)	：イチゴの花が終わる頃、基部のわき芽が伸長してランナーとなり、先端に幼植物（子株）がつく。ランナーには一節あり、ここからさらにわき芽が伸びる。84，85
両性花 (りょうせいか)	：トマトやナスのように、1つの花に雄しべと雌しべをもつ花。68〜70，73
りん茎 (――けい)	：単子葉植物のタマネギやニンニクなどで、とくに葉鞘が肥厚してできた球。26，29〜32
輪作、連作 (りんさく、れん――)	：同じ畑にちがう種類の植物を植えることにより、畑を有効に使いながら連作障害を避ける栽培方法が輪作。逆に同じ畑に毎年同じ作物を栽培するのが連作。41，42，84，123，124
裂果 (れっか)	：急速な吸水がおこって内部の組織が果皮より肥大したため、果皮が裂けること。83
老化、老衰 (ろうか、――すい)	：齢の進行とともに種々の発育段階に進むことが老化で、その最終段階が老衰となる。82，108，109
老化苗 (ろうかなえ)	：環境条件が悪いため、育苗日数のわりには生育が進まないで生育の劣った苗で、その後の生育も順調に進まない。117
ロゼット	：ダイコンやキャベツでは根や葉球が生長している間、茎はほとんど伸びない、このような短縮化した形態のこと。26，46，49，102
わき芽 (――め)	：主茎と葉の間を葉腋というが、そこにできる芽のこと。105，106
早生、中生、晩生 (わせ、なかて、おくて)	：生育の早いものから、あるいは花芽分化の要求性の少ないものから、同じ種類であっても早生、中生、晩生の品種に分けられる。56，115
和名 (わめい)	：植物の名前で、ふつうはカタカナで示される。125〜129

あとがき

　本書はタキイ種苗㈱から発行されている『園芸新知識』野菜号に、2004〜2005年に連載した「今さら聞けない野菜発育のメカニズム」という15回シリーズを元にしています。今回の企画にあたっては野菜の栽培者、技術者だけでなく、広く野菜の発育に興味をもつ人を対象に、内容を絞り込み、修正加筆をするとともに新たな項目も設けました。

　本書の執筆にあたっては多くの先輩諸兄の業績や資料を参考にさせていただきました。本来であれば文献名を明記すべきですが、ページ数の制限もあり略させていただきました。ご寛恕願えれば幸いです。

　本書ができるにあたっては農文協編集部の適切な助言と協力をいただきました。ここに記して感謝致します。

著者

著者略歴

藤目幸擴（ふじめ　ゆきひろ）

1945年生まれ。
1969年、京都大学大学院農学研究科博士課程 中途退学。同年、同大学付属農場助手。
1972年、香川大学農学部助手、1984年同大学助教授を経て、1986年同大学教授。
1999年から京都府立大学農学部教授。京都大学博士（農学）

1983年　園芸学会奨励賞受賞
1993年　文部省長期在外派遣研究員として英国ロンドン大学他で研究。

主な著書に、『農業技術大系野菜編』第6巻「ブロッコリー」(農文協、共著)、『園芸ハンドブック』(講談社、共著)、『ブロッコリー・カリフラワー　生理と栽培技術』(誠文堂新光社、共著)、『園芸の世紀2・野菜を作る』(八坂書房、共著)、『蔬菜園芸』(文永堂、共著)、『バイオが作る人類の夢』(法律文化社、編著) など

Q&A 絵でみる野菜の育ち方
生育のメカニズムとつくり方の基礎

2005年9月30日　第1刷発行
2006年3月31日　第4刷発行

著者　藤目　幸擴

発 行 所　社団法人 農山漁村文化協会
郵便番号　107-8668　東京都港区赤坂7丁目6-1
電　　話　03(3585)1141(営業)　03(3585)1147(編集)
Ｆ Ａ Ｘ　03(3589)1387　振替　00120-3-144478
Ｕ Ｒ Ｌ　http://www.ruralnet.or.jp/

ISBN4-540-05154-7　　　　　DTP制作／ニシ工芸(株)
〈検印廃止〉　　　　　　　　　　印刷／(株)平文社
©藤目幸擴　2005　　　　　　製本／根本製本(株)
Printed in Japan　　　　　　　定価はカバーに表示
乱丁・落丁本はお取りかえいたします。

――――― 農文協・図書案内 ―――――

新 野菜つくりの実際 全5巻 　川城英夫編
―露地・トンネル・無加温ハウス―　A5判並製・各巻224~320頁
- ●果菜Ⅰ(ナス科・マメ科)2,500円　●果菜Ⅱ(ウリ科、イチゴ、オクラ)2,500円
- ●葉菜　2,650円　●根茎菜　2,500円　●軟化・芽物　2,100円

食味や品質を重視するとともに減農薬防除など、おいしくて安全な野菜のつくり方を基本に、栄養や機能性なども一覧表で紹介。ポイントとなる技術の図解や他の野菜との組み合わせ、失敗しない注意点など、全88品目143作型のおいしくて安全な野菜つくりを指南。

新装版 本物の野菜つくり 　藤井平司著
―その見方・考え方―　1,600円

伝統的な栽培にみる育て方の原理と著者の野菜つくりの体験をもとに、地域の土地柄にあった無農薬、無化学肥料の旬の野菜つくりの栽培ポイントと品種選びの着眼点を示す。各論では主な野菜15種について詳しく紹介。

野菜の作業便利帳 　川崎重治著
―よくある失敗100カ条―　1,530円

生育不良、病気、障害…、その背景にはちょっとした作業のミスや思いちがいがある。施肥、播種、苗つくり、植え方から日常管理まで、長年の技術指導でつかんだ作業改善のコツが満載。

図解 60歳からの小力野菜つくり 　水口文夫著
―ラクラク作業60のポイント―　1,890円

金、手間、無理をかけない水口流小力(省力)野菜つくり。残渣はすべて畑に還元、少量堆肥の根まわり施用、機械移植…、これでいいもの穫れるからおもしろい。あなたの作業をラクにするポイントをイラスト満載で完全解説。

都道府県別 地方野菜大全 　タキイ種苗(株)編
　芦澤正和 監修
6,300円

全国各地に残る形・味が個性的な地方野菜600余種を、由来、来歴や変遷、生理的・形態的特徴、栽培法、食べ方など詳しい解説とカラー写真で都道府県別に紹介。便利な野菜種類別目次、種苗入手先、地方野菜名索引付き。

(価格は税込。改定の場合もございます。)